AF588577

MÉTHODE D'HARMONIE RAISONNÉE

PRINCIPES NOUVEAUX

PARTIE SYNTHÉTIQUE

PAR

LASSIMONNE

Prix net: 5 Francs

1876

MAISON ROYOL, SPÉCIALITÉ de MUSIQUE pour THÉÂTRE
L. BATHLOT, Successeur Editeur, 39 rue de l'Echiquier PARIS

Imp. Lefman & Cie Paris

INTRODUCTION

Pourquoi publier une théorie de l'harmonie, alors que tant de traités existent déjà sur cette matière ? Un livre nouveau, qui ne fait que répéter ce que ses devanciers contiennent, est inutile !

Les faits de toute science se déduisent d'un certain nombre de vérités que l'on nomme axiomes, et tout doit reposer sur ces vérités.

Les principes de l'harmonie reposent sur des bases aussi simples que celles de la science, c'est-à-dire sur un petit nombre de vérités premières d'où découlent les théorèmes les plus compliqués. L'obscurité que l'on rencontre dans la plupart des traités ne provient que du classement défectueux des faits harmoniques.

Or, nous avons cru posséder et pouvoir démontrer mieux que nos prédécesseurs ces vérités, ces principes, qui sont les sources des lois harmoniques. Aussi, est-ce avec conviction que nous avons abordé ce travail, travail ardu, en raison des définitions, dénominations et classifications qu'il nous a fallu abandonner ou changer, parce qu'elles ne répondaient plus aux théories nouvelles ; mais on trouvera toujours la raison, logiquement démontrée, de ces changements.

La première vérité, celle sur laquelle repose toute la science harmonique, celle enfin qui est la cause de toutes les lois d'enchaînement, c'est la *tonalité !!!* (1) La tonalité, pour exister, a besoin d'éléments ; ces éléments sont des sons groupés dans un certain ordre (gamme).

Les sons de la gamme diationique entendus successivement établissent la tonalité !

L'harmonie est une réunion simultanée de sons, dans des rapports tels, qu'ils affirment ou détruisent la tonalité.

Pour des raisons que nous verrons dans le cours de cet ouvrage, la tonalité se trouve établie par un accord que nous avons nommé : Passif ! (quinte de tonique). Elle est attirée par un autre accord que nous avons nommé : Actif ! (septième de dominante). Ces deux accords suffisent à l'établissement de la tonalité ; elle ne peut exister que par leur enchaînement successif et continu.

Tout autre groupe de sons (accords) détruit la tonalité établie. Tout accord qui détruit une tonalité ne lui appartient pas. Tout accord qui n'est pas le passif ou l'actif d'une tonalité est un accord neutre.

Chaque tonalité a un accord passif et un accord actif, qui lui appartient en propre et exclusivement. L'accord passif a pour fondamentale le premier degré. L'accord actif a pour fondamentale le cinquième degré. L'accord neutre peut avoir pour fondamentale tous les degrés de l'échelle chromatique, quelle que soit la tonalité. Les propriétés de ces accords assignent à chacun d'eux un rôle spécial, qui constitue la science de l'harmonie.

Accord passif : *Direction libre de toutes ses notes.*

Accord actif : *Direction obligée de sa tierce et de sa septième.*

Accord neutre : *Direction multiple, écriture facultative.*

L'accord passif établit la tonalité et son mode. L'accord actif la confirme en la faisant désirer. L'accord neutre la détruit en laissant le sentiment tonal indécis, par la raison que cet accord a des attractions multiples et égales vers plusieurs tonalités.

Le caractère du passif est le repos complet, la conclusion déterminée et finie, la stabilité, l'inertie latente, la satisfaction complète. Le caractère de l'actif est l'inverse, c'est l'attraction fixe, le besoin de mouvement déterminé, l'instabilité, l'inertie active emmagasinée.

Ces deux accords peuvent se comparer à un pendule ; au repos, c'est l'accord passif. Si l'on écarte le pendule de sa position, il oscille en repassant toujours par la position primitive, pour s'y arrêter définitivement lorsqu'il a perdu le mouvement acquis.

---

(1) Nous avons placé à la fin de cet ouvrage un glossaire alphabétique donnant l'explication de tous les termes techniques.

Le caractère du neutre est l'attraction indéterminée multiple, le besoin de mouvement indéterminé, sans direction arrêtée.

Ces trois accords et leur caractère propre suffisent pour expliquer tous les phénomènes harmoniques. C'était notre devoir de démontrer des vérités aussi précieuses pour l'enseignement de cette science. Il est certain que cette nouvelle théorie va soulever un grand nombre de critiques et d'objections ; c'est le sort réservé à toute innovation. Les objections sont prévues, pour la plupart, et réfutées d'avance. Il ne faut pas voir dans cette théorie une œuvre de critique ; si nous proposons quelques dénominations et classements différents, ce n'est pas à dire que les règles préexistantes étaient défectueuses; c'étaient seulement l'origine et l'ordre dans lequel on les présentait qui faisaient rattacher certains phénomènes à des causes qui leur sont souvent étrangères. On pourrait se demander pourquoi, ayant des idées nouvelles sur une science quelconque, on ne les soumettrait pas à des hommes compétents qui en discuteraient la valeur et pourraient amener ces idées à leur plus complet développement. D'abord, dans ces discussions, on s'entend rarement, même sur les choses les plus élémentaires. Ensuite, pour examiner un travail nouveau, il faut se placer à un point de vue nouveau ; il faut, en un mot, se dépouiller entièrement des idées admises et entrer, sans parti pris, dans la voie nouvelle. Il est toujours pénible à un homme qui toute sa vie a professé une théorie, d'examiner froidement une théorie différente et peut-être opposée. Il n'y a guère que ceux qui l'ont conçue capables de mener à bien une théorie nouvelle, quand ils ne se laissent pas aveugler par elle. C'est un travail d'induction et de déduction qui dure souvent des années, et c'est ainsi que chaque science a dû ses progrès, non à l'idée examinée et approuvée par des savants, mais à la lutte acharnée du novateur, lutte d'un seul contre tous, lutte dans laquelle l'arme est l'idée qui triomphe quand même de la routine.

Ce traité n'a pas la prétention d'être le dernier mot de l'harmonie, mais il a été écrit avec conviction et loyauté. Qu'on ne s'y trompe point, cette méthode, pas plus que celles passées et à venir, ne fera un compositeur ou un homme de génie. Les méthodes ne donnent pas le génie ; elles ne peuvent qu'indiquer les lois d'affinités qui rattachent les faits à un principe : l'attraction. Les méthodes apprennent à se servir du langage de tout le monde, afin de comprendre et d'être compris. Les traités doivent donc avoir pour but de le démontrer le plus simplement possible. Or, il est incontestable qu'un homme, fût-il né avec les plus grandes dispositions pour une science, n'arriverait pas à une grande force s'il était privé des travaux de ses prédécesseurs sur cette science; car, avant de faire plus qu'eux, il aurait à découvrir préalablement tout ce qui a été découvert avant lui.

L'étude de l'harmonie est donc indispensable, même à l'organisation la mieux douée. L'étude est simplement l'examen des faits qui ont été trouvés avant nous par les hommes de génie qui nous ont précédés. Ces faits, réunis, coordonnés, constituent la science de l'harmonie ; ils doivent, comme tous les phénomènes naturels, avoir un principe, une loi, d'où ils découlent. Cette loi, c'est la tonalité. La tonalité est le milieu dans lequel se meuvent les accords ; or, ce milieu les modifie; de même les accords modifient le milieu dans lequel ils se meuvent.

La tonalité a pour moteur l'attraction. L'état normal de la musique, c'est la tonalité ! L'état anormal, c'est l'absence de tonalité !!

Nous adressons ce travail surtout aux artistes que l'étude de l'harmonie a rebutés et qui, ne pouvant apprendre sans comprendre, ont préféré tout abandonner.

Nous devons signaler dans ce livre le savant directeur du Conservatoire de Bruxelles, M. Fétis, auquel nous avons emprunté quelques idées qui nous ont servi de flambeau dans la route obscure que nous avons explorée. Nous voulons parler de la tonalité prise comme principe fondamental, des accords considérés homophoniquement.

Il ne nous reste plus qu'à réclamer l'attention soutenue des personnes qui ignorent l'harmonie, et la bonne foi de ceux qui la connaissent pour l'appréciation de ce qui va suivre.

MÉTHODE D'HARMONIE RAISONNÉE

PRINCIPES NOUVEAUX

PARTIE SYNTHÉTIQUE

CHAPITRE Ier

LA TONALITÉ, LA GAMME

1 On donne le nom de *son* à l'effet produit sur l'organe de l'ouïe par les vibrations, suffisamment rapides, d'un corps.

2 La mélodie est le résultat d'une suite combinée de sons.

3 L'harmonie est le résultat de l'addition combinée des sons.

4 La combinaison mélodique et harmonique des sons a pour cause et pour effet : la tonalité.

5 La tonalité est produite par le groupement en série des sons.

6 La distance d'un son grave à son octave aiguë a été divisée en huit parties, de la manière suivante :

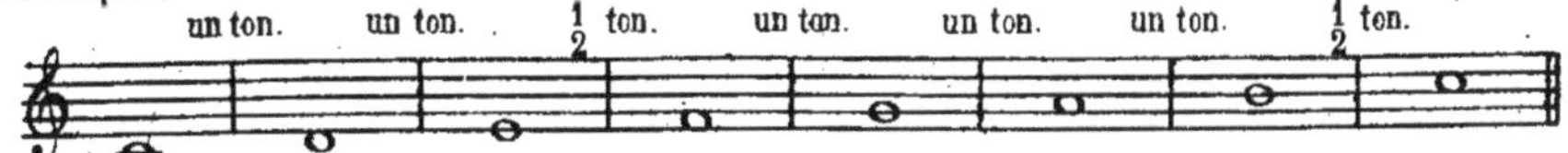

cet ordre de faits constitue la tonalité, et est constitué par elle ; l'un est inséparable de l'autre.

Ce groupement de sons se nomme : *gamme.*

7 Toutes les notes d'une gamme sont parties constitutives de la tonalité de cette gamme. L'harmonie, étant soumise à la tonalité, est donc soumise à la gamme ; c'est donc avec les notes de la gamme d'une tonalité que doit être formée l'harmonie de cette tonalité.

CHAPITRE II

INTERVALLES

8 Toute succession de sons disposée comme nous venons de le voir est une gamme majeure. **« *Dans le mode mineur, le troisième et le sixième degré sont plus bas d'un demi-ton,* »** quel que soit d'ailleurs le son pris comme point de départ.

9 Le premier son détermine le nom de la tonalité de cette gamme ; si le premier son est *do*, la tonalité est celle de *do*, et la gamme est celle de *do;* si le premier son est *sol*, la tonalité est celle de *sol*, et la gamme est celle de *sol*. Pour cette raison, la première note d'une tonalité et d'une gamme se nomme : *tonique.*

10 La distance qui sépare chaque note d'une gamme de sa tonique inférieure reçoit une dénomination qui indique la valeur de cette distance.

L'intervalle de la première à la seconde note se nomme : *seconde majeure.*

d°	troisième	d°	*tierce majeure.*
d°	quatrième	d°	*quarte juste.*
d°	cinquième	d°	*quinte juste.*
d°	sixième	d°	*sixte majeure.*
d°	septième	d°	*septième majeure.*
d°	huitième	d°	*octave juste.*

Deux notes de même nom sont à l'unisson.

11 Par imitation, la distance entre deux sons pris arbitrairement se dénomme comme si la note inférieure était une tonique. Ex : *fa-do* est une quinte juste.

12 Le nombre de tons ou demi-tons qui sépare deux notes ne change pas les dénominations de : unisson, seconde, tierce, quarte, quinte, sixte, septième et octave, il ne change que l'adjectif qui

suit le mot quand les intervalles, tels qu'on les trouve dans la gamme comme ci-dessus, sont agrandis d'un demi-ton, soit par l'exhaussement de la note supérieure, soit par l'abaissement de la note inférieure, l'adjectif qui suit la dénomination est remplacé par celui de : augmenté ; ainsi,

la tierce majeure agrandie d'un demi-ton, soit par l'exhaussement de la note supérieure ou l'abaissement de la note inférieure ou est toujours une tierce, mais une tierce augmentée.

Il en est de même de tous les autres intervalles, même l'unisson et l'octave EX. unisson aug. octave aug. qui deviennent unisson et octave augmentés.

Quand les intervalles justes sont rétrécis d'un demi-ton, ils prennent l'adjectif : diminué ; ainsi, la quarte, la quinte et l'octave dans ce cas sont diminués : EX. L'unisson juste étant un intervalle à son maximum de contraction ne peut être rétréci ; néanmoins il est logique de conserver cet adjectif à l'unisson. Quand les intervalles majeurs sont rétrécis d'un demi-ton, ils prennent l'adjectif : mineur ; ainsi, les secondes *Do-Ré* ♭, *Do* ♯*-Ré*, sont des secondes mineures. De même pour les tierces, sixtes et septièmes majeures. Quand les intervalles mineurs sont rétrécis d'un demi-ton, ils prennent l'adjectif : diminué ; ainsi, les secondes mineures ci-dessus *Do-Ré* ♭, *Do* ♯*-Ré*, contractées d'un demi-ton : EX. deviennent des secondes diminuées. De même pour les tierces, sixtes et septièmes mineures.

Nota. Dans la pratique, on n'emploie guère que la tierce et la septième diminuée. EX

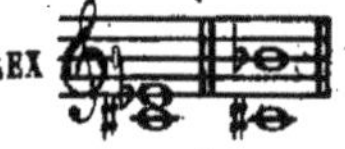

13. Les intervalles peuvent se renverser. Le renversement s'effectue en transportant la note inférieure à l'octave supérieure EX.

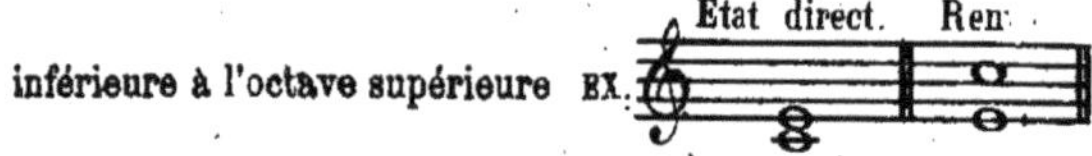

Par le renversement :
L'unisson devient : octave ;
La seconde devient : septième ;
La tierce devient : sixte ;
La quarte devient : quinte ;
La quinte devient : quarte ;
La sixte devient : tierce ;
La septième devient : seconde ;
L'octave devient : unisson ;
Les intervalles justes forment des intervalles justes ;
Les majeurs, des mineurs ;
Les mineurs, des majeurs ;
Les augmentés, des diminués ;
Les diminués, des augmentés.

RENVERSEMENTS.	8ve juste.	7e min.	6te min.	5te juste.	4te juste.	3ce min.	2de min.	uniss. juste.
ETAT DIRECT.	uniss. juste.	2de maj.	3ce maj.	4te juste.	5te juste.	6te maj.	7me maj.	8ve juste.

14 Lorsque l'on renverse les intervalles déjà renversés, ils se représentent à l'état direct à une octave supérieure; ainsi la septième redevient seconde : EX.

15 Lorsque la note grave d'un intervalle reste immobile et que l'on dispose des notes au-dessus de son octave supérieure, on obtient des intervalles de : neuvième, dixième, etc., etc.; ces intervalles peuvent être dilatés ou contractés, comme ceux renfermés dans une seule octave.

16 Par le renversement ils ne produisent pas de nouveaux intervalles. La neuvième devient une seconde, la dixième une tierce : EX.

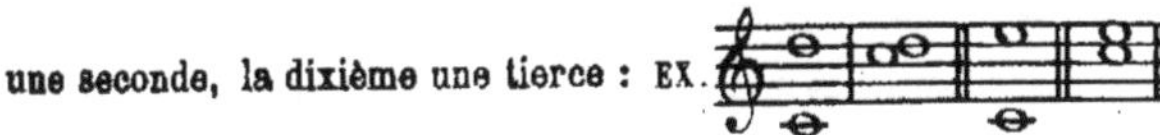

17 En harmonie, les intervalles dépassant l'octave n'ont aucune propriété spéciale; ils se conforment aux règles qui existeraient si la note supérieure était ramenée dans l'octave inférieure. La neuvième aura donc les règles de la seconde, la dixième celles de la tierce, etc.

Mêmes observations au delà de plusieurs octaves. Ex. : ainsi cette seizième aura donc les mêmes règles que la neuvième qui à son ton aura celle de la seconde, sauf les observations que nous verrons plus loin pour la neuvième, quand la note supérieure est étrangère à la constitution de l'accord.

CHAPITRE III

PROPRIÉTÉS DES INTERVALLES

18 Les intervalles sont, pour les besoins des démonstrations harmoniques, divisés en trois classes, savoir :

1° Les consonnances; 2° les dissonances déterminées ou tonales; 3° les dissonances indéterminées ou neutres.

19 Tous les intervalles qui n'éveillent dans l'esprit aucune nécessité de mouvement, et qui peuvent *à priori* être entendus sans avoir été précédés, ou sans qu'il soit nécessaire de les faire suivre d'aucune autre, pour motiver leur présence, sont rangés parmi les consonnances.

Les consonnances sont : l'unisson, l'octave, la quinte, la quarte, la tierce majeure, la tierce mineure, la sixte majeure et la sixte mineure.

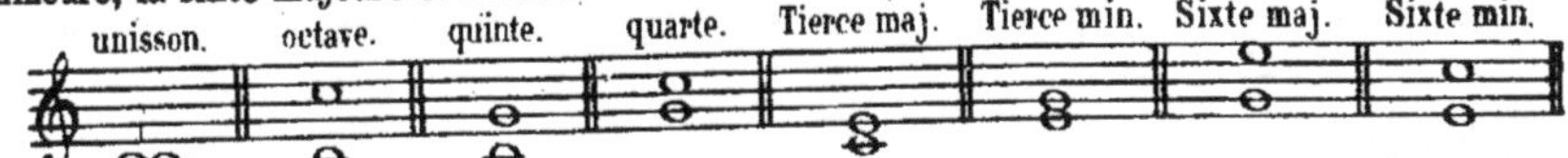

20 Le renversement des consonnances produit des consonnances. La direction des consonnances est libre dans une même tonalité. Les consonnances doivent aller autant que possible sur un son voisin appartenant à la tonalité. Elles ne peuvent aller sur un son étranger à la tonalité sans la détruire.

21 Quand une des notes d'un intervalle quelconque va sur un son éloigné (mouvement disjoint), elle y va comme si toutes les notes qui séparent la première de la seconde existaient; ainsi : DO allant sur FA y va comme si RÉ et MI existaient; seule la note qui

précède celle sur laquelle on va doit être considérée; dans l'exemple précédent, c'est: Mi; et c'est d'après cette note que doit se régler l'harmonie et la marche des autres parties, c'est

comme si l'intervalle était: ; par cette opération on fait disparaître l'écart que

produit le mouvement disjoint et l'enchaînement a lieu comme si le mouvement était conjoint.

DISSONANCES

22 Tous les intervalles qui ne sont pas consonnants sont classés parmi les dissonants. Les dissonances sont de deux sortes : les déterminées et les indéterminées.

23 Les dissonances déterminées ont une direction fixe et obligée.

24 Les dissonances indéterminées ont plusieurs directions, qui, néanmoins, sont limitées; elles n'ont pas la direction libre, particulière aux consonnances.

25 Le caractère spécial des dissonances déterminées et indéterminées est d'être attractif, c'est-à-dire que l'audition de ces intervalles demande à être suivie d'une autre qui en est la conséquence et que l'on nomme: résolution.

26 La résolution a lieu sur un intervalle consonnant. (*Il y a exception dans le cas des résolutions évitées,* chapitre XII.)

27 La direction fixe et obligée des dissonances déterminées est la cause et la conséquence de la tonalité.

28 Les dissonances déterminées sont les suivantes: 1° la quinte diminuée et son renver-

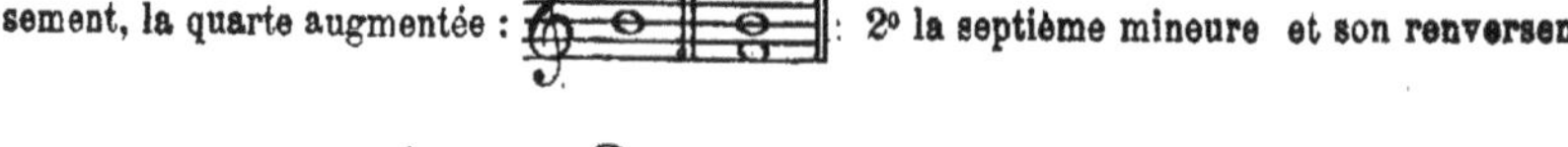
sement, la quarte augmentée : 2° la septième mineure et son renversement,

la seconde majeure :

29 La quinte diminuée se dirige comme il suit : La quarte augmentée qui

en est le renversement, comme il suit : La septième mineure se dirige comme

il suit : . La seconde majeure, qui en est le renversement, comme il suit:

On doit remarquer pour la quinte diminuée, la quarte augmentée, la septième

mineure et la seconde majeure, que les notes de même nom conservent la même direction malgré les renversements. ce qui revient à dire que les notes de même nom dans les dissonances déterminées conservent leur direction malgré les renversements ou les espacements; ainsi la quinte diminuée espacée se dirige comme il vient d'être dit.

Exemple : de même pour la quarte augmentée, la septième mineure et la

seconde majeure.

30 Le renversement des dissonances déterminées produit des dissonances déterminées.

31 Toutes les dissonances qui ne sont pas déterminées sont indéterminées. Nous ne nous occuperons que des suivantes : la septième diminuée et son renversement, la seconde augmentée, la sixte augmentée et son renversement, la tierce diminuée.

32 La septième diminuée peut se diriger : 1° en rapprochant mutuellement d'un demi-ton ses

deux notes ; 2° en rapprochant d'un demi-ton la note intérieure, et en laissant

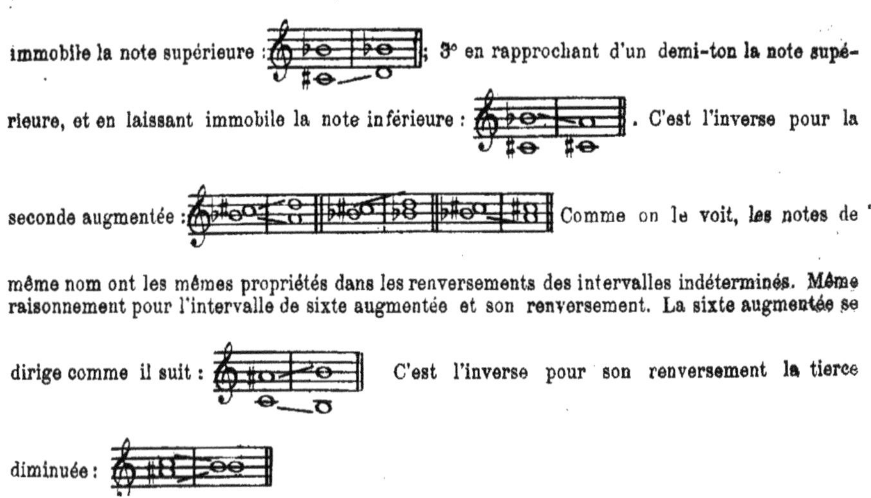

immobile la note supérieure : ; 3° en rapprochant d'un demi-ton la note supérieure, et en laissant immobile la note inférieure : . C'est l'inverse pour la seconde augmentée : Comme on le voit, les notes de même nom ont les mêmes propriétés dans les renversements des intervalles indéterminés. Même raisonnement pour l'intervalle de sixte augmentée et son renversement. La sixte augmentée se dirige comme il suit : C'est l'inverse pour son renversement la tierce diminuée :

33 Le renversement des dissonances indéterminées forment des dissonances indéterminées. Donc les dissonances indéterminées conservent leurs propriétés de direction malgré les renversements. Les intervalles dissonants déterminés appartiennent à une tonalité et sont formés avec des notes de la gamme de cette tonalité. Les indéterminés ne peuvent se former qu'avec des notes appartenant chacune à une tonalité différente.

34 Les dissonances déterminées ont une direction différente quand la tonalité est mineure, la note qui a un mouvement descendant descend d'un ton entier dans ce cas :

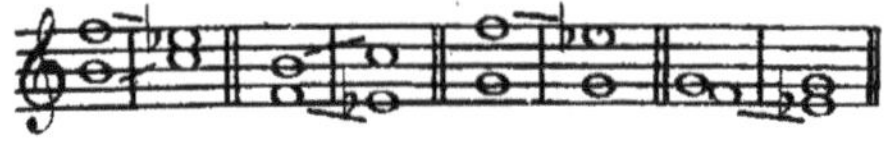

CHAPITRE IV

ACCORDS

35 Si l'on additionne dans un même groupe plusieurs sons qui soient entre eux à des intervalles consonnants, on forme un accord consonnant :

36 Il ne peut y avoir aucun intervalle dissonant dans ce cas sans ôter à ce groupe le caractère consonnant.

37 Le renversement des consonnances forment des consonnances (§ 20). Les renversements d'un accord consonnant produisent des accords consonnants : Les consonnances quoique associées conservent leur liberté de direction (§ 20). Donc les accords consonnants ont la direction libre de leurs notes en tant qu'ils restent dans la tonalité à laquelle ils appartiennent.

38 Quand la première tierce est majeure : dans un accord consonnant, la tonalité est majeure ; quand la tierce est baissée d'un demi-ton, ce qui rend la première tierce mineure : la tonalité est mineure.

39 Nous nommons les accords consonnants, majeurs ou mineurs, renversés ou non : *accord passifs,* en ajoutant le nom de la tonalité ; accord passif de Do si la tonalité est Do, accord

passif de Sol si la tonalité est Sol, en ajoutant majeur ou mineur selon le mode, et de même pour toutes les autres tonalités.

40 L'accord passif d'une tonalité se construit en prenant la première note de la gamme de cette tonalité comme note inférieure ; la troisième note comme tierce de l'accord, et la cinquième comme quinte. En Do : en sol : etc.

41 Un accord dans son état direct doit présenter comme ci-dessus une superposition de tierces, et seule la note qui occupe la partie inférieure est nommée, pour cette raison : fondamentale. Lorsque l'accord est renversé, la fondamentale n'occupe plus la partie inférieure, néanmoins elle conserve sa dénomination.

42 La répétition, à une octave supérieure ou inférieure, d'une des notes d'un accord ne constitue pas un accord nouveau et ne lui ôte pas son caractère consonnant ou dissonant, ce n'est qu'une modification de la forme :

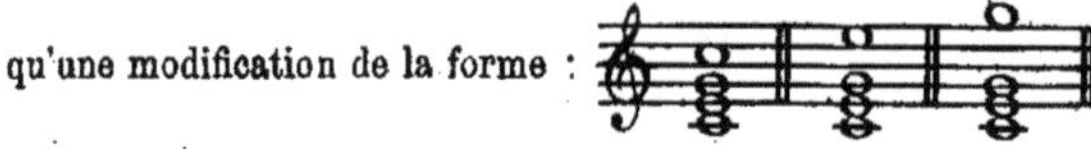

43 La quinte indique et affirme la tonalité ; la tierce indique le mode ; donc l'accord consonnant contenant ces deux intervalles indique la tonalité et le mode.

44 En réunissant dans un seul groupe les dissonances de quinte diminuée et de septième mineure d'une même tonalité on forme un accord dissonant, auquel nous avons donné le nom de : accord actif.

45 En donnant à ces dissonances les directions que nous avons étudiées § 29 elles ramènent les notes de l'accord passif de la tonalité.

46 On ajoute, dans la pratique, à cet accord, une note à la distance de quinte juste de la fondamentale (§ 41): Cette note étant à l'état de consonnance avec toutes les autres notes, son admission est très bonne, et son état consonnant lui laisse la propriété d'avoir une direction libre (§ 20). Cette note peut donc monter ou descendre dans l'enchaînement de l'accord actif avec le passif.

47 L'accord actif à l'état direct ramène l'accord passif dans la position suivante à son premier renversement il le ramène dans la position suivante : ou à son second renversement dans les positions suivantes facultativement : en raison de l'état consonnant de la quinte (Ré), § 46 ; à son troisième, il ramène l'accord passif dans la position suivante :

48 La fondamentale de l'accord actif peut avoir les directions suivantes :

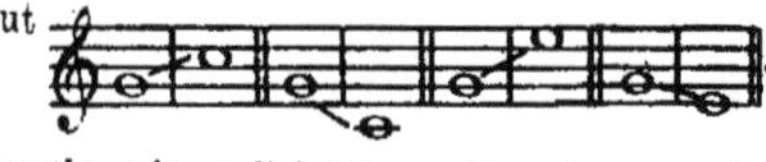

Dans ces cas, les directions étant disjointes, cette note va sur les autres comme si toutes celles qui les séparent existaient, et seule la note qui précède celle sur laquelle a lieu la résolution est note réelle ; ainsi, doit être considéré comme Si est la note réelle, doit être considéré comme : Ré, est la note réelle ; doit être considéré comme : Ré, est la note réelle ; doit être considéré comme : Fa, est la note réelle.

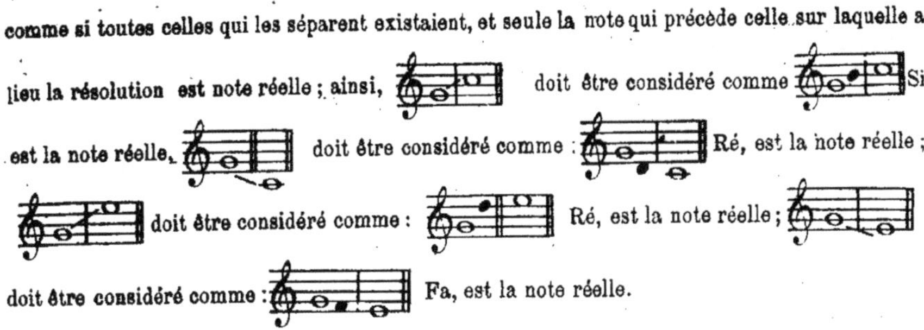

49 Quand la note qui précède celle sur laquelle a lieu la résolution est étrangère à l'accord, cette règle ne doit pas être considérée, on doit la négliger. Ex: le Fa et le La, étant étrangers à l'accord passif, on doit les négliger et les mauvais enchaînements qui peuvent résulter de leur établissement sont non avenus. Ce qui vient d'être dit pour l'accord actif est vrai pour tous les accords.

50 Quand un accord ne fait que se déplacer, c'est-à-dire quand on passe d'un renversement à un autre, ou d'une position à une autre:

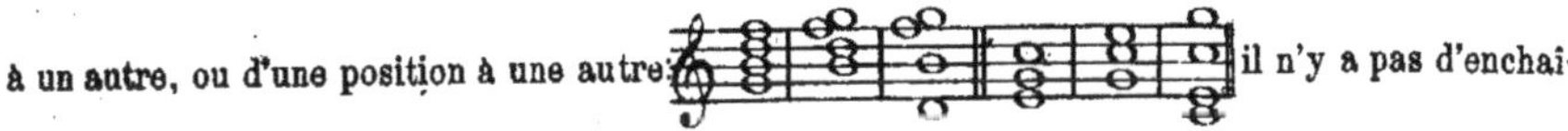

il n'y a pas d'enchaînement ; dès lors la règle précédente cesse d'exister, il est donc inutile de chercher les notes absentes ni d'en tenir compte.

CHAPITRE V

RENVERSEMENTS DES ACCORDS

51 L'accord passif a deux renversements:

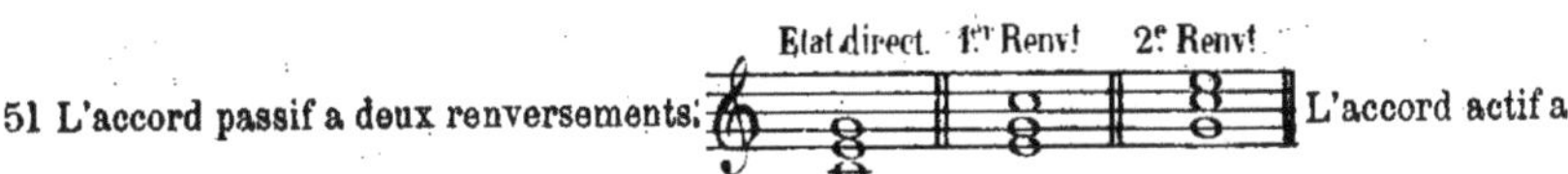

L'accord actif a trois renversements :

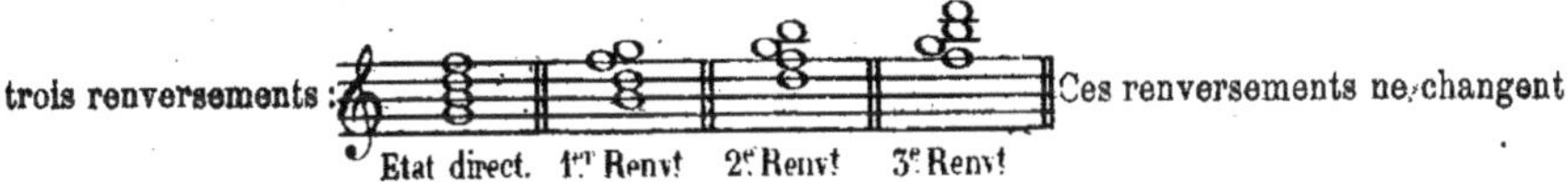

Ces renversements ne changent rien aux propriétés de ces accords ; direction libre pour l'accord passif, et direction obligée pour l'accord actif, la tierce doit monter d'un demi-ton, et la septième doit descendre d'un demi-ton dans le mode majeur, et d'un ton dans le mode mineur. La quinte peut ou monter ou descendre. La fondamentale doit rester immobile ou se répéter dans l'accord suivant, ou aller sur une des notes de l'accord passif en observant les règles du paragraphe 48. Les renversements conservent également leurs propriétés quelle que soit l'octave dans laquelle ils sont placés. Que les notes d'un accord quelconque soient rapprochées ou espacées, elles restent soumises aux règles précédentes.

CHAPITRE VI

REDOUBLEMENT DES NOTES DES ACCORDS

52 On peut doubler une ou plusieurs notes des accords, mais à la condition que la note, ou les notes doublées, aient une direction différente. Les notes des intervalles dissonants ayant une direction obligée ne peuvent être doublées, car elles auraient une direction semblable dans les deux octaves.

53 D'après ce qui précède, on ne peut doubler ni la tierce, ni la septième des accords actifs. (Observation.) *Redoubler une note, c'est la faire entendre en même temps dans une autre octave, soit supérieure, soit inférieure; ajouter une note à l'unisson d'une autre n'est pas la doubler harmoniquement parlant, car dans ce cas la note ajoutée se comporte comme la note primitive elle-même.*

54 On peut doubler toutes les notes des intervalles ou des accords consonnants. (Accords passifs.)

On double de préférence la fondamentale de l'accord passif, dans son enchaînement avec son actif, même dans les renversements.

On peut aussi doubler la tierce et la quinte, dans le même cas, mais toujours avec une direction différente des notes doublées.

On peut toujours doubler une note qui ne change pas de degré, comme la quinte de l'accord passif allant sur l'actif.

On peut toujours doubler la note supérieure d'un accord quelconque à l'octave supérieure; on peut toujours doubler la note inférieure d'un accord quelconque à l'octave inférieure. Cette dernière règle est applicable à toutes les notes, soit consonnantes ou dissonantes.

Exemples de notes doublées :

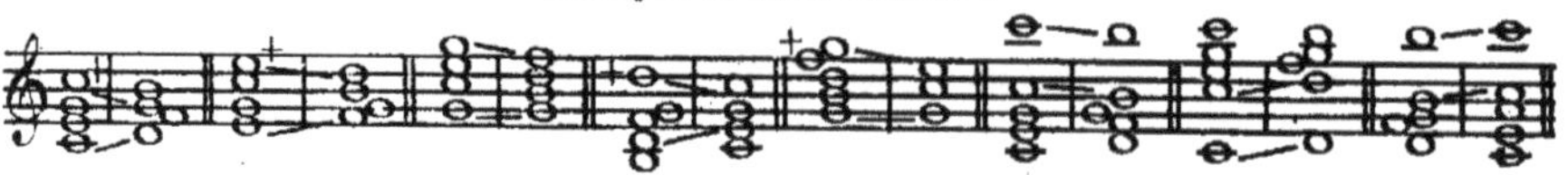

55 Quand une des notes d un accord quelconque a une direction disjointe, il faut, comme nous l'avons dit, rétablir par la pensée la note qui précède celle sur laquelle elle va; or, cette note sous-entendue, si elle existe déjà dans l'accord à une autre octave, la note écrite double la note absente, elle se soumet dès lors à la règle des notes redoublées, c'est-à-dire qu'elle doit avoir une direction différente de celle de la note sous-entendue. Ex. : 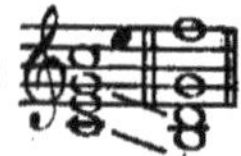

Dans cet exemple, Do allant sur Fa, sous-entend Mi; or, cette note existe écrite à l'octave inférieure, cette dernière doit donc avoir une direction différente (§ 52). Il y aurait donc contradiction avec le paragraphe 52 en écrivant : 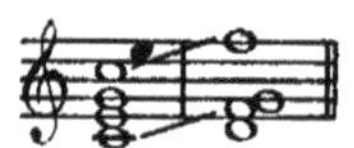 car il y aurait un Mi sous-entendu allant sur Fa, et un écrit allant également sur Fa. La faute disparaît quand la note doublée et celle sous-entendue occupent la partie supérieure ou inférieure de l'accord. 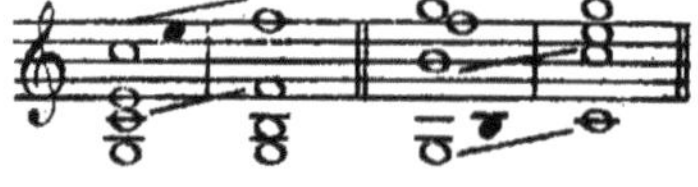

CHAPITRE VII

RETRANCHEMENTS DES NOTES DES ACCORDS

54 On peut retrancher une ou plusieurs notes des accords sans leur ôter leurs propriétés tonales; en conséquence, les règles précédentes restent, pour les accords tronqués, les mêmes que pour les accords complets.

Quand on retranche une des notes formant dissonance dans un accord actif, les notes restantes conservent la direction qu'elles auraient si la note retranchée était présente; à la condition, toutefois, que l'enchaînement soit celui que nous avons étudié. Ex. : 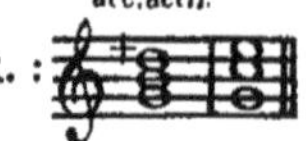

La tierce (Si) conserve sa direction ascendante malgré le Fa retranché, septième.

Règle : *Dans l'enchaînement régulier des deux accords « actif et passif » d'une même tonalité, quand on retranche une ou plusieurs notes de l'un ou l'autre, les notes restantes conservent la direction qu'elles auraient si l'accord était complet. Quand une tona-*

lité est établie, l'oreille assigne mentalement à chaque degré diatonique de la gamme un caractère spécial d'où naît la nécessité de son mouvement, la constitution des deux accords (actif et passif) réunit dans un même groupe les sons de la tonalité qui s'entr'aident pour accentuer davantage le caractère spécial de chaque degré; or, le retranchement n'ôte pas aux degrés restants leur caractère tonal; il l'affaiblit seulement.

55 Si les accords qui s'enchaînent appartiennent à des tonalités différentes, cette règle cesse d'être applicable.

En résumant les chapitres précédents, on en conclut: 1° La tonalité est la cause et la conséquence de la gamme diatonique; 2° chaque tonalité possède un accord passif et un accord actif, inhérents à cette tonalité; 3° l'harmonie d'une tonalité est due spécialement à l'emploi alternatif de ces deux accords s'enchaînant d'après les règles énoncées précédemment; 4° tout accord passif ou actif d'une autre tonalité introduit dans une tonalité établie, la détruit; 5° l'accord passif de toute tonalité a pour fondamentale le premier degré de la gamme de cette tonalité; l'accord actif a pour fondamentale le cinquième; 6° tout accord introduit dans une tonalité, autre que le passif ou l'actif de cette tonalité, ne lui appartient pas; il doit être classé parmi les accords neutres, quand même il aurait la structure d'un accord passif ou d'un accord actif d'une autre tonalité.

CHAPITRE VIII

ACCORD NEUTRE

56 L'accord neutre peut se poser sur tous les degrés de l'échelle chromatique.
Sa construction à l'état normal est une superposition de tierces mineures;
Il n'appartient à aucune tonalité; par cette raison, il n'a pas une écriture obligée.

Exemple :

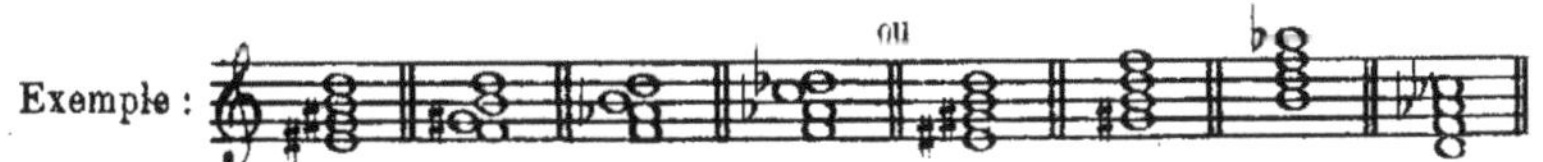

57 Il doit s'écrire selon la tonalité qu'il doit amener.

58 N'appartenant spécialement à aucune tonalité, il peut être suivi ou précédé de toutes, c'est-à-dire qu'après un accord passif ou actif d'une tonalité établie, on peut faire entendre immédiatement et sans préparation un des douze accords neutres; on peut également après un des douze accords neutres faire entendre un accord actif ou passif d'une tonalité quelconque.

59 Sa résolution la plus naturelle est celle qui résout ses dissonances comme il a été dit précédemment.

L'accord suivant : 1 est donc résolu comme il doit l'être; en effet la quinte diminuée Mi ♯-Si se résout sur Fa ♯-La § 33, et la quinte diminuée Sol ♯-Ré se résout sur La-Do ♯, § 29.

Résolvant d'après les mêmes principes les trois accords suivants :

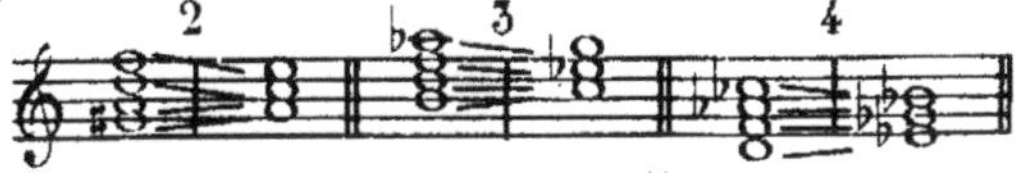

nous aurons, indépendamment de la tonalité de Fa ♯ mineur donnée par le premier, celle de La mineur pour le second, celle de Do mineur pour le troisième, et celle de Mi ♭ mineur pour le quatrième. Or, ces quatre accords neutres sont homophones, c'est-à-dire composés des mêmes sons, l'écriture seule est différente, ce qui change le caractère des intervalles dissonants : ainsi, dans le second, la quinte diminuée Mi ♯-Si du premier est devenue quarte augmentée Fa-Si, ce qui change la direction des notes de cette dissonance, § 29.

60 Or, si l'accord peut être placé après une tonalité quelconque, les homophones quoique écrits différemment, pourront également être placés après une tonalité quelconque, puis-

qu'ils sont composés des mêmes sons. Donc, l'accord neutre précédent pourra amener les quatre tonalités naturelles à ses homophones ; il suffira de l'écrire suivant la tonalité qu'il devra amener.

Règle : La résolution de l'accord neutre peut être amenée par ses homophones et celle de ses homophones par l'accord neutre.

CHAPITRE IX

ALTÉRATION DE L'ACCORD NEUTRE ET DES HOMOPHONES

61 L'accord neutre et les homophones peuvent être altérés.

62 L'altération se fait en baissant d'un demi-ton une ou plusieurs des notes qui composent ces accords, séparément ou concurremment.

63 Nous avons divisé les altérations en cinq classes. La première en baissant une seule des notes de l'accord neutre ; comme il en a quatre, on obtient quatre formes avec cette altération.

Exemple : normal. 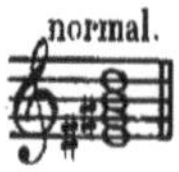 première altération, quatre combinaisons (1) 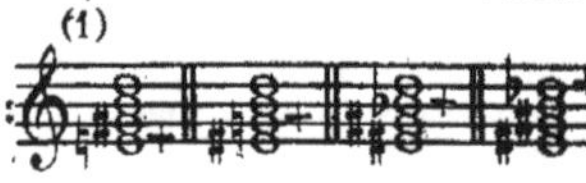 :

Deuxième altération, deux notes baissées et séparées d'une quinte, deux combinaisons :

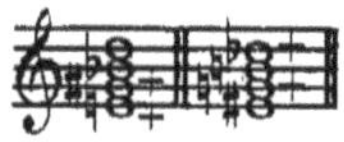

. Troisième altération, trois notes baissées, quatre combinaisons :

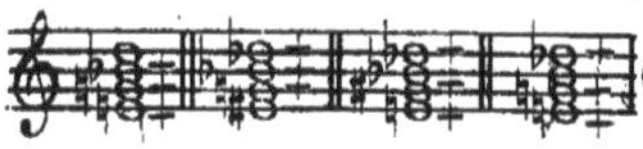

Quatrième altération, quatre notes baissées, une seule combinaison 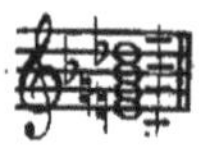 Cinquième altération, deux notes voisines baissées, quatre combinaisons :

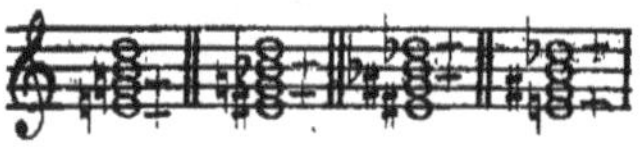

Toutes les altérations, réunies sur un même accord neutre, peuvent lui donner seize formes différentes. En agissant de même sur les deux autres accords neutres suivants, 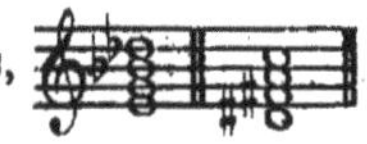 on obtiendra donc également seize formes pour chacun d'eux. Il n'y a plus d'accords neutres au delà des trois suivants :

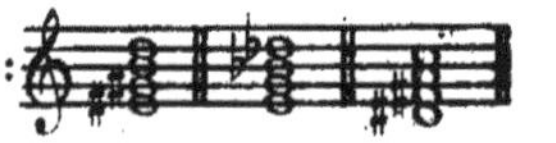

car un demi-ton au-dessus du premier on trouve l'homophone du troisième 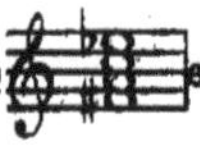 et un demi-ton au-dessous du troisième, on retrouve l'homophone du premier :

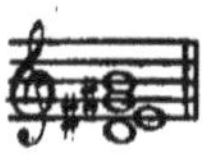

64 Quand l'accord neutre altéré ou non a une résolution selon tous les intervalles dissonants qu'il contient, la résolution est naturelle.

65 Si une seule dissonance a une direction autre, la résolution est dérivée.

66 Avec les altérations précédentes, les intervalles dissonants disparaissent ou donnent naissance à d'autres consonnants ou dissonants. Si les dissonances nouvelles sont, par suite des

---

(1) Les notes suivies d'une croix sont celles sur lesquelles a lieu l'altération.

altérations, existantes dans un accord neutre, on peut exécuter les résolutions dans le sens de leur attraction, sans préjudice des tonalités propres au normal et aux homophones.

Règles : L'accord neutre et ses homophones conservent leurs résolutions malgré les altérations. Les tonalités, naturelles aux altérées, peuvent être amenées soit par l'accord neutre normal et ses homophones, soit par leurs altérés.

En somme, les accords neutres altérés ou non peuvent être suivis de tous les accords passifs, quelle que soit la tonalité à laquelle ils appartiennent et quel que soit le mode.

Les accords neutres peuvent subir les modifications suivantes : renversements, redoublements, retranchements de une ou plusieurs notes ; les règles précédentes restent les mêmes que pour l'accord actif.

CHAPITRE X

Il résulte de toutes les considérations que nous venons d'examiner, que l'accord neutre n'appartient à aucune tonalité ; qu'il peut être précédé ou suivi des accords passifs ou actifs de quelque tonalité que ce soit ; qu'il n'a pas d'écriture spéciale ; que c'est le seul accord qui peut servir de lien entre une tonalité et une autre, quelle que soit son apparence ; qu'il peut être altéré dans toutes ses notes ensemble ou séparément ; qu'il existe seize formes différentes pour un même accord neutre ; qu'il n'y a que trois accords neutres ; que toutes ces formes d'accords altérés ou non peuvent être renversées ; que l'on peut redoubler ou retrancher une ou plusieurs notes, sans que pour cela les règles soient modifiées. Les résolutions seront d'autant plus inadmissibles qu'elles seront moins la résolution naturelle de ces dissonances ; ces dernières résolutions seront d'autant meilleures que le nombre des dissonances exécutant leur résolution naturelle sera plus grand.

La tonalité est constituée par l'enchaînement alternatif de l'accord actif et passif de cette tonalité, quel que soit le renversement ou la position de ces deux accords.

Tout autre accord détruit la tonalité. Tout autre accord est nécessairement neutre ; mais comme les accords neutres altérés ou non peuvent amener toutes les tonalités, ils peuvent donc ramener la première tonalité. Cette tonalité sera d'autant plus facilement ramenée que l'accord neutre introduit s'en sera moins éloigné ; il s'en éloignera d'autant moins qu'il aura moins employé de notes étrangères à cette tonalité, ou qu'il contiendra moins d'intervalles attractifs vers d'autres tonalités.

Donc, l'accord neutre qu'on devra employer de préférence, pour conserver la tonalité, alternativement avec les accords passifs et actifs de cette tonalité, sera celui que l'on pourra former avec les notes constitutives de cette tonalité (Ex. I), ou ceux dont les dissonances, en se dirigeant naturellement, ramèneront les notes de l'accord passif ou de l'accord actif de cette tonalité (Ex. II et III).

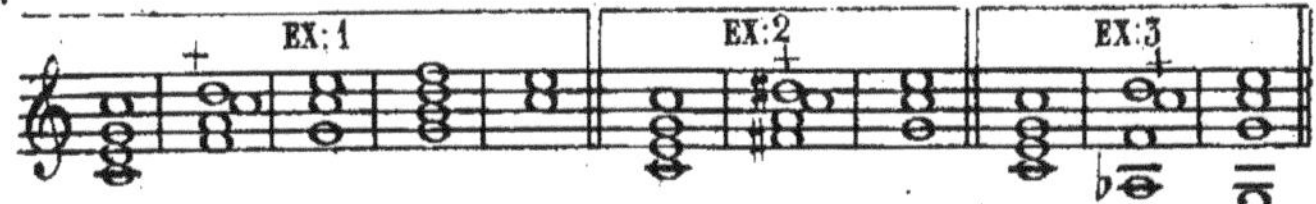

CHAPITRE XI

PASSAGE D'UNE TONALITÉ DANS UNE AUTRE

67 Le passage d'une tonalité dans une autre s'opèrera d'autant plus facilement, que les accords (passif ou actif) de la tonalité dans laquelle on veut entrer ressembleront plus aux accords (passif ou actif) de la tonalité dans laquelle on était primitivement.

68 La ressemblance sera rendue plus sensible soit par l'addition ou le retranchement. Ainsi, tout accord passif, additionné d'une 7e mineure, a toute ressemblance avec un accord actif (Ex. I.), et tout accord actif duquel on retranche la septième a toute ressemblance avec un accord passif :

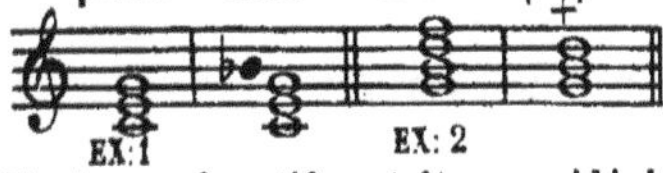

69 Tout accord actif peut être considéré comme neutre à la première altération ; dans ce cas, il peut avoir une écriture facultative, selon la tonalité dans laquelle on doit aller, comme tous les accords neutres. Si donc nous pouvons ajouter une septième mineure à un accord passif, nous pouvons également lui ajouter une sixte augmentée, puisque ces deux notes ont le même son écrit différemment. EX :

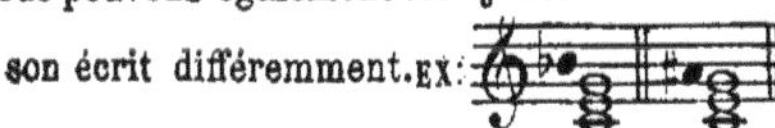

70 Tout accord passif peut être additionné d'une tierce mineure inférieure, ce qui lui donne toute ressemblance avec un accord neutre à la cinquième altération : EX : Partant des considérations ci-dessus, étant établie la tonalité de Do, on passera en Fa (quarte) en ajoutant un si ♭ (septième) à l'accord passif (Ex. I). On passera en sol (quinte) en considérant l'accord actif duquel on aura retranché le Fa (septième), comme passif de la tonalité de Sol (Ex. II).

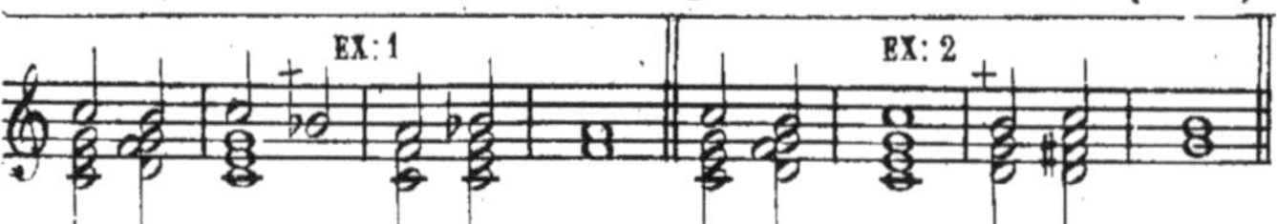

71 Ainsi donc, étant établie une tonalité, on modulera à la quarte (supérieure) en ajoutant une septième mineure à l'accord passif de la première tonalité. On modulera à la quinte (supérieure) en retranchant la septième mineure de l'accord actif de la première tonalité.

72 L'addition d'une note, à un accord passif, peut s'effectuer de trois manières :

1° En ajoutant la note au moment même où l'accord passif est frappé (Ex. I).

2° En ne l'ajoutant qu'après avoir fait entendre l'accord, et cela pendant sa durée (Ex. II).

3° En supposant l'existence de cette note, mais sans l'écrire, et considérant l'accord passif comme actif ou neutre avec une note retranchée, afin de donner aux notes restantes la qualité qu'elles auraient si cette note était écrite (Voir l'ex. III).

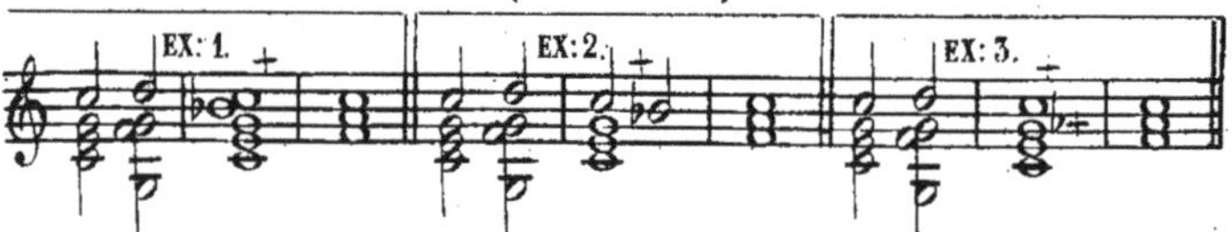

De ces trois manières : la première est la plus dure ; la seconde est la plus riche et la troisième est la plus douce.

73 Le passage d'une tonalité majeure à la même mineure et vice versa s'effectue sans effort. Le mode mineur se traite comme le majeur, il suffit d'abaisser le troisième et le sixième degré d'un demi-ton.

74 Nous avons vu *(chap. IX)* que la première altération de l'accord neutre normal et de ses homophones avait toute ressemblance avec l'accord actif. Or, il s'ensuit que tout accord actif peut être considéré comme neutre à la première altération. Nous pourrons donc lui appliquer toutes les règles de cette classe d'accords, c'est-à-dire que nous pourrons, après un accord actif, aller dans toutes les tonalités ; que nous pourrons le modifier en le mettant à une autre altération, et que nous devrons l'écrire selon la tonalité qu'il devra amener. *(Voir le résumé du chap. IX.)*

Exemples : Accord actif ; le Do, considéré comme neutre, à la première altération, allant dans les douze tonalités :

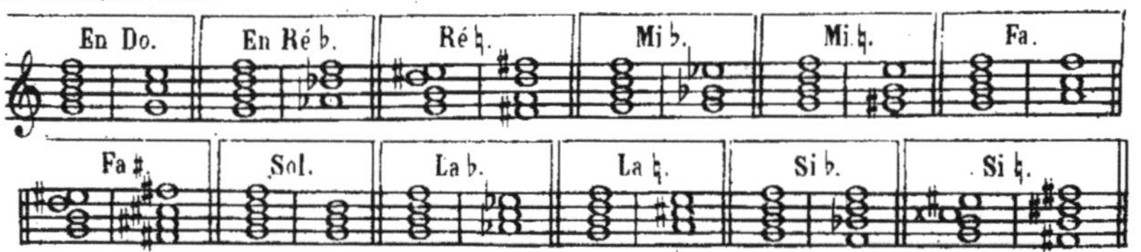

On peut également aller dans les douze tonalités mineures *(chap. IX)*.

Il est compréhensible qu'un accord neutre normal peut être suivi ou précédé d'un de ses altérés, puisque c'est le même accord modifié dans sa forme seulement ; il s'ensuit que l'accord actif, envisagé comme neutre, peut être suivi de son normal ou d'un autre altéré du même accord ; en outre ces modifications pourront s'effectuer pendant sa durée. Si nous diézons le sol dans l'enchaînement suivant : 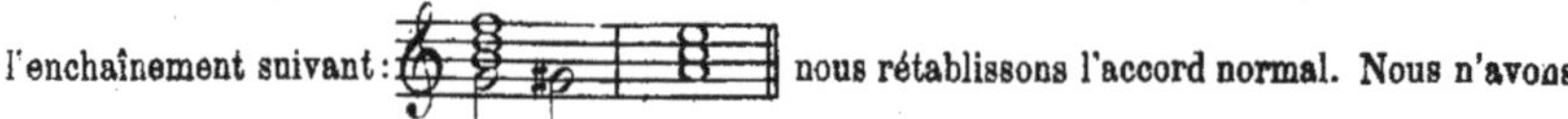 nous rétablissons l'accord normal. Nous n'avons diézé le sol qu'après l'avoir fait entendre naturel, mais nous pouvons l'attaquer diézé en même temps que l'accord entier, quand bien même il serait précédé de son accord passif *(chap. IX)*.

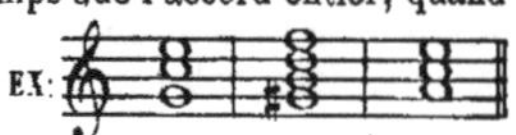

75 Tout ce qui vient d'être dit pour l'accord actif s'applique également à l'accord passif additionné, soit d'une septième mineure, soit d'une tierce mineure ou diminuée inférieure ; dans le cas où cette addition n'est que supposée, les considérations sont également les mêmes, seulement on doit supprimer dans la résolution la note qui aurait été amenée par la note supposée si elle avait été écrite ; à moins que cette même note ne soit amenée par une autre. Donc, un accord passif allant sur un accord passif d'une autre tonalité doit être considéré comme un accord neutre tronqué, par conséquent ce tronçon conserve toutes les propriétés de l'accord complet. (*Résumé du chapitre IX.*) Nous pourrons donc, comme pour l'accord actif, hausser ou baisser une ou plusieurs de ses notes, pour le rapprocher du normal ou d'une autre altération du normal. Si nous élevons la note inférieure d'un accord passif, nous lui donnons toute ressemblance avec un neutre normal duquel on aurait retranché la note supérieure ou inférieure.

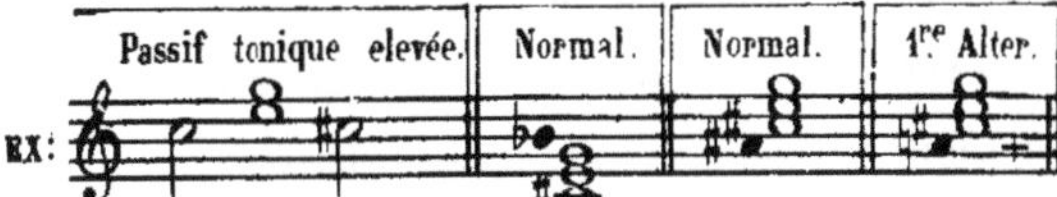

Il a encore toute ressemblance avec un neutre tronqué, première altération *(voir le dernier ex. ci-dessus)*. Si nous baissons la note supérieure d'un accord passif, nous lui donnons toute ressemblance avec un neutre à la deuxième ou troisième altération.

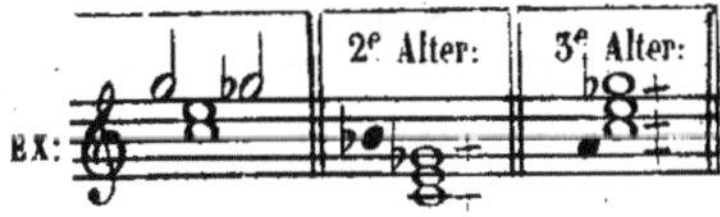

Etant admis ce qui précède, nous pourrons donc poser les règles suivantes : Tout accord passif deviendra neutre ou pourra être considéré comme tel :

1° Par l'adjonction d'une septième mineure supérieure ;

2° Par l'adjonction d'une tierce mineure ou diminuée inférieure ;

3° Par l'abaissement de sa quinte ou de sa tierce ensemble ou séparément *(chap. IX)*.

4° Par l'exhaussement de sa tonique.

L'accord neutre à l'état normal doit présenter une superposition de tierces (*mineures*) ; d'une autre part l'altération se fait en baissant d'un demi-ton chaque note de l'accord normal ensemble ou séparément ; or, l'accord passif considéré comme neutre tronqué contient une tierce mineure, c'est justement cette tierce qui le rattache à un neutre ; il s'ensuit donc que la tonique doit être considérée comme ayant été baissée d'un demi-ton, ce qui constitue la première altération; il est donc impossible de baisser encore cette note, puisqu'elle l'est déjà ; on ne peut donc que l'élever. La tierce et la quinte étant à l'état normal ne peuvent être que baissées. Un accord neutre, normal ou altéré, à l'état direct doit : 1° Présenter une superposition de tierces ; 2° l'intervalle le plus grand entre la note inférieure et la supérieure ne peut excéder une septième mineure, ni être moindre qu'une septième diminuée ; 3° il ne doit pas y avoir entre les notes d'intervalle plus grand que la quinte juste, ni moindre que la quinte sous-diminuée.

76 Quand la première tonalité est mineure, les enchaînements par les accords passifs sont d'un emploi beaucoup plus dur, attendu qu'un accord passif mineur considéré comme neutre ne peut constituer que la troisième et cinquième altération, qui sont celles qui s'éloignent le plus du normal et dont la résolution est la moins prévue :

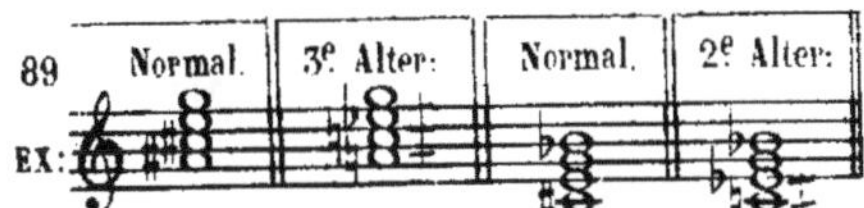

Néanmoins, par extension logique du principe de neutralité, on peut aller dans toutes les tonalités ; presque toutes les résolutions qui sont le résultat de l'enchaînement de deux accords passifs, dont le premier est mineur, sont des résolutions dérivées.

77 Quand on conclut complètement une phrase musicale, et qu'après un silence dont la durée est arbitraire, on entre résolument dans une autre tonalité, les mêmes arguments sont applicables, le dernier accord passif de la première phrase doit être considéré comme actif ou neutre tronqué.

ORDRE APPROXIMATIF dans lequel le passage de Do aux autres tonalités est le plus facile.

1° De Do majeur en Do mineur (unisson) ;
2° — en La mineur (sixte majeure) ;
3° — en Fa majeur (quarte) ;
4° — en Fa mineur (quarte) ;
5° — en Sol majeur (quinte) ;
6° — en Sol mineur (quinte) ;
7° — en Mi mineur (tierce majeure) ;

8° — en Mi majeur (tierce majeure) ;
9° — en La ♭ majeur (sixte mineur) ;
10° — en La majeure (sixte majeure) ;
11° — en Fa ♯ majeur (quarte augmentée ou quinte diminuée) ;
12° — en Fa ♯ mineur (quarte augmentée ou quinte diminuée) ;
13° — en La ♭ mineur (sixte mineure) ;
14° — en Si ♮ ou Ré ♭, majeur (septième majeure ou seconde mineure) ;
15° — en Si ♮ ou Ré ♭, mineur (septième majeure ou seconde mineure) ;
16° — en Ré ou Si ♭, mineur (seconde majeure ou septième mineure) ;
17° — en Ré ou Si ♭, majeur (seconde majeure ou septième mineure).

A partir du n° 11 et suivants, les effets de ces enchaînements produisent la surprise ; ce sont des moyens que l'on peut employer, mais desquels il ne faut pas abuser.

78 Quand la première phrase conclut, par un accord mineur, l'ordre ci-dessus n'est plus applicable, du reste les enchaînements sont très difficiles et, par ce fait, restreints. Le tableau suivant indique les enchaînements les plus usités.

1° De Do mineur en Do majeur (unisson) ;
2° — en Mi ♭, majeur (tierce mineure ;
3° — en La ♭, majeur (sixte mineure
4° — en Fa, mineur (quarte) ;
5° — en Sol, majeur (quinte) ;
6° — en Sol, mineur (quinte).

79 Quand on entre dans une tonalité par son accord actif, quelle que soit la tonalité qui précède, quel que soit son mode, il n'est besoin d'aucunes précautions. Ce qui revient à dire que l'accord neutre peut être précédé de toutes les tonalités *(chap. IX)*, § 58.

80 De tout ce qui précède, il en ressort que seuls les accords neutres sont des accords de transition, c'est-à dire que c'est toujours par leur intermédiaire que l'on va d'une tonalité dans une autre, et qu'alors même qu'ils auraient la structure d'un accord passif, ils sont neutres.

CHAPITRE XII

ENCHAINEMENT DES ACCORDS NEUTRES ENTRE EUX

81 Si à la résolution d'un accord neutre, on ajoute une note qui soit à l'intervalle de septième mineure, de tierce diminuée ou mineure, on transforme l'accord passif de la nouvelle tonalité en neutre, ce qui donne un enchaînement d'accords dissonants (neutres). C'est ce que nous nommons : « résolutions évitées. »

82 Les plus simples seront celles qui auront pour construction une résolution naturelle à laquelle on ajoutera une note à la distance, soit de septième mineure, de sixte majeure ou de sixte augmentée ou les renversements de ces intervalles.

EX : 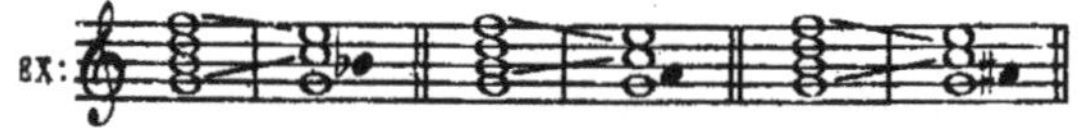

83 Les résolutions évitées deviendront de plus en plus dures, à mesure que les résolutions du premier neutre seront moins bonnes. Néanmoins toutes les résolutions dérivées peuvent être additionnées d'une note dans les conditions précédentes.

84 Les résolutions évitées qui sont le plus employées sont celles où à la résolution ordinaire de l'actif, on adjoint une septième mineure (voyez le premier exemple précédent).

85 Or, cette septième mineure ajoutée transforme également le second accord en actif, qui peut à son tour avoir sa résolution naturelle additionnée d'une septième mineure, et ainsi de suite pendant une série d'accords illimitée. EX :

86 Quand dans de semblables résolutions, on vient à doubler une note pour faciliter l'entrée de la note ajoutée, cette dernière peut être écrite différemment dans les deux octaves : EX : 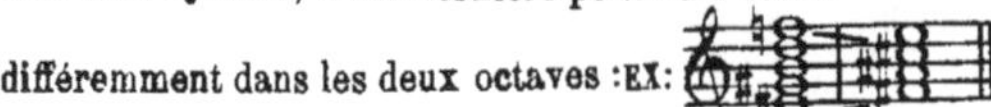

Ce qui revient à dire que l'accord neutre doit s'écrire selon sa résolution (§ 57).

87 L'enchaînement des accords neutres entre eux, par l'addition d'une septième à leurs résolutions, peut s'étendre à toutes, soit naturelles, dérivées, majeures ou mineures.

88 Le passage d'un accord neutre normal à un de ses altérés et d'un altéré à un normal ne doit pas être considéré comme une résolution, car l'accord altéré n'est pas détruit, il est modifié dans sa forme, mais il reste lui-même. Donc un accord neutre normal pourra toujours être suivi d'un de ses altérés. EX: ou Un altéré pourra toujours être suivi d'un altéré du même accord. EX: 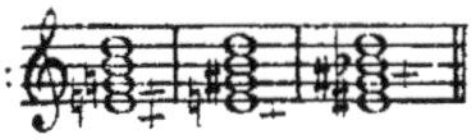 Enfin le neutre normal pourra être suivi de sa quatrième altération, ce qui constituera un autre neutre normal EX: 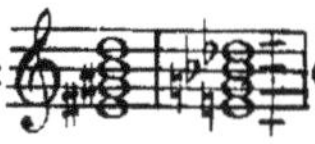 Ce dernier à son tour pourra être suivi de sa quatrième altération, et ainsi de suite pendant une série illimitée d'accords. EX: 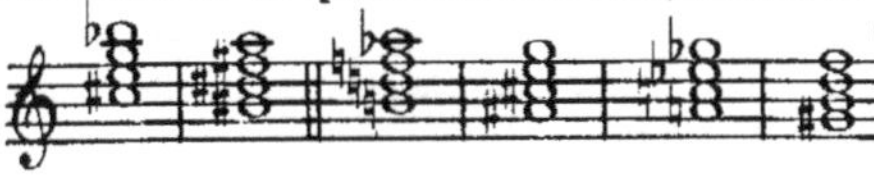 (1) etc

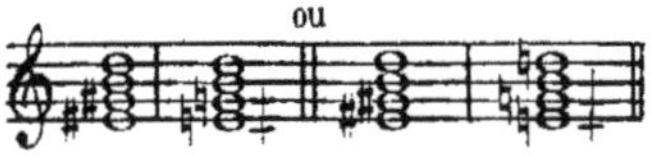

OBSERVATIONS. — *L'écriture des accords neutres dans ce cas est tout à fait facultative, à l'exception de ceux qui auraient une résolution réelle. On doit choisir l'écriture la plus facile à lire.*

89 D'un autre côté, puisque l'altéré peut être suivi de son normal, on pourra écrire

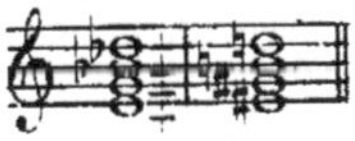

Le premier accord considéré comme la quatrième altération, et le second comme normal; considérant également le second accord comme une quatrième altération, on pourra le faire suivre de son normal, et ainsi de suite pendant une série illimitée d'accords

EX: 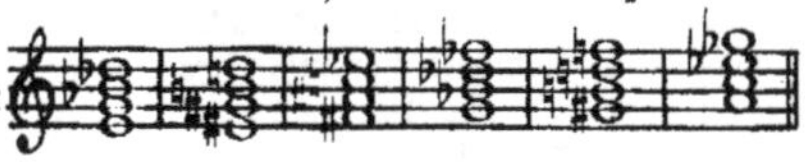 etc.

L'écriture de ces suites est également facultative.

90 On pourrait, en étendant ce principe, enchaîner un accord neutre avec un altéré d'un autre accord neutre; ainsi, par exemple, on pourrait faire suivre l'accord normal de sa quatrième altération double; ex. 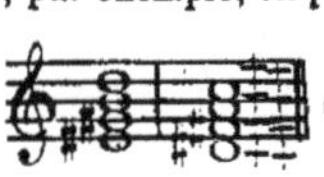 ce qui serait identiquement le même accord qu'on obtiendrait en élevant d'un demi-ton l'accord normal entier; ex: 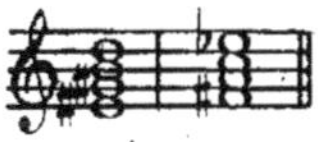 ce qui ne fait que confirmer le principe de l'enchaînement facultatif de tous les accords neutres entre eux, altérés ou non.

CHAPITRE XIII

CADENCES.

91 L'accord passif n'a le caractère de conclusion que lorsque la fondamentale est à la partie inférieure et à la partie supérieure.

92 Cet accord n'étant passif qu'à la condition d'être précédé de son actif, n'a donc le caractère de conclusion qu'à ces deux conditions (§ 91 et 92). Ex:

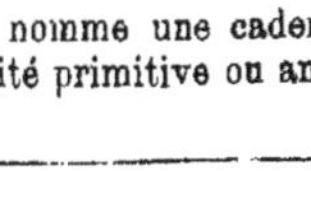

93 Tout enchaînement dans ces conditions est ce qu'on nomme une cadence parfaite! Un morceau doit terminer par une cadence parfaite dans la tonalité primitive ou ambiante.

(1) Les suites de quintes diminuées et même de quintes justes par demi-ton sont permises entre deux accords neutres altérés ou non.

94 On peut faire des repos momentanés en employant des cadences parfaites d'autres tonalités. Les renversements de l'accord passif, lui ôtant le caractère de conclusion, ne peuvent être employés que dans le courant des phrases.

95 On peut quelquefois conclure en mettant à la partie supérieure soit la tierce ou la quinte de l'accord passif; mais dans ce cas, c'est un effet particulier qui laisse du vague et de l'indécision dans la terminaison, la phrase semble ne pas être terminée, c'est donc la confirmation des paragraphes 91 et 92.

96 L'accord actif et l'accord neutre ayant une marche déterminée, l'accord passif qui suit ces accords est forcément à un renversement qui est la conséquence de la position de ces accords.

CHAPITRE XIV

MOUVEMENTS MÉLODIQUES

97 Le mouvement mélodique est la marche particulière séparée de chaque partie.

98 Le mouvement mélodique doit s'opérer autant que possible sur les sons les plus voisins, surtout dans les parties intermédiaires.

99 Quand le mouvement est disjoint, c'est que une ou plusieurs notes ont été éliminées (§ 21). Donc, dans tous les cas le mouvement est conjoint en rétablissant la note qui précède celle sur laquelle on va. Excepté quand cette note est étrangère à l'accord ou quand l'accord ne change pas (§49 et 50).

100 A deux parties, par direction conjointe et semblable, on ne doit employer que des suites de tierces ou de sixtes, majeures ou mineures, appartenant à la tonalité.

101 A trois parties on peut faire usage des suites de quartes additionnées d'une sixte inférieure ou supérieure (voir les raisons, *chap. XV et XX*).

102 A deux parties, quand la direction est contraire, on peut employer tous les intervalles, sauf les tierces allant sur des quintes justes, ou les sixtes allant sur des quartes justes (*chapitre XV*, numéros 13 et 14).

103 Par direction oblique, tous les intervalles sont permis, même à deux parties.

104 Quand une des parties ou les deux marchent par mouvements disjoints, direction brisée, il faut rétablir la note qui précède, celle sur laquelle on va, et si elle fait partie de l'accord elle établit le mouvement conjoint et se soumet aux règles des paragraphes 100, 101, 102, et 103.

105 Quand on veut s'assurer de la régularité d'une harmonie à plusieurs parties, il est utile de comparer chaque partie séparément avec les autres, afin de s'assurer si l'on est dans les conditions mentionnées aux paragraphes 100, 101, 102, 103 et 104.

106 Quand on se trouvera en contradiction avec ces paragraphes, il faudra s'assurer si une cause incidente dans une autre partie ne lui sert pas de correctif. (Voir ces causes dans le chapitre suivant.)

CHAPITRE XV

CONSIDÉRATIONS SUR LES ENCHAINEMENTS DE DIFFÉRENTS INTERVALLES, ASSOCIÉS OU ISOLÉS

107 Quand une tonalité est établie, toute direction des notes des intervalles, contraire à celle de l'accord neutre, doit être rejetée quand les deux accords, ou les deux intervalles qui s'enchaînent sont consonnants et que le second appartient à une tonalité étrangère !

108 Puisque la tonalité change, il y a résolution. L'accord ou l'intervalle qui précède ce changement est celui qui doit le motiver (*chap. IX*). Il faut donc que l'intervalle ou l'accord soit un tronçon d'un accord neutre, puisque les accords neutres sont exclusivement des accords de transition, et que le passage d'une tonalité dans une autre ne peut se faire que par leur emploi (*résumé du chapitre XI*). Si donc, en rétablissant la note, ou les notes absentes, les notes restantes n'ont pas une direction, selon les dissonances qui seraient créées par les absentes, l'enchainement devra être rejeté ! !

Observations : *Les accords neutres que l'on fera naître, par la supposition des notes absentes, pourront affecter tous les genres d'altération, ce qui revient à dire que l'on pourra supposer absentes toutes les notes que l'on voudra, pourvu que les notes restantes puissent entrer dans la composition de l'accord que l'on fera naître.*

109 Pour les raisons ci-dessus, on ne peut dans l'enchainement de deux accords, ou de deux intervalles consonnants, faire deux quintes justes, ou deux quartes justes de suite, par mouvement semblable et conjoint, à la distance d'un ton et plus. La quinte juste est l'intervalle qui affirme le

mieux une tonalité! Donc deux quintes justes affirmeront deux tonalités différentes! Il en est de même de deux quartes justes dans les conditions ci-dessus. Par exemple, si l'on établit la tonalité de Do, la quinte de Do-Sol est l'accord passif tronqué; s'il doit aller dans une autre tonalité, il doit dès lors être considéré comme tronçon d'un accord neutre (*chap. IX*). Il faut donc rétablir les notes absentes, et s'assurer si les notes restantes ont la direction qui leur convient dans ce cas.

EX: 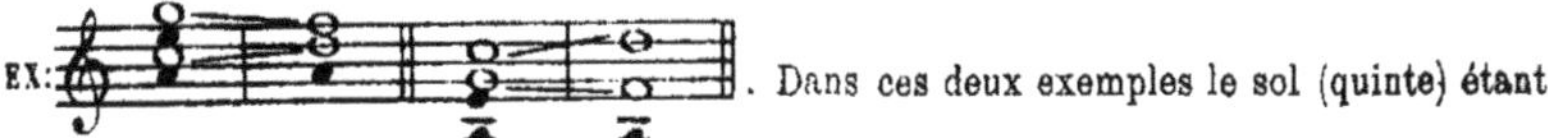 . Dans ces deux exemples le sol (quinte) étant en rapport de septième mineure avec le La supposé, doit descendre d'un degré; la direction ascendante serait donc une contradiction. On ne peut donc faire deux quintes justes ascendantes à la distance d'un ton; et l'accord Ré-Fa ne peut avoir de La (quinte) qu'à la condition que cette note soit écrite dans l'accord précédent, c'est-à-dire préparé. Il en est de même pour deux quintes justes, descendantes à la distance d'un ton: EX: 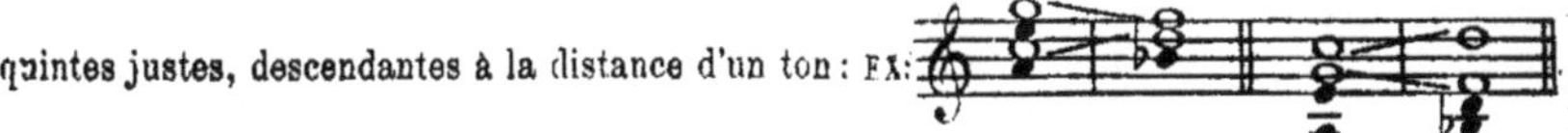

Dans les deux exemples précédents, le sol (quinte) étant en rapport de septième mineure avec le La doit descendre, et le Do doit monter; or l'accord Ré-Fa ne peut avoir de Si ♭ (tonique) qu'à la condition que le La existe dans l'accord précédent.

110 On ne peut faire succéder deux tierces majeures, dont la seconde emploie des notes étrangères à la tonalité; de même pour le renversement, sixte mineure :

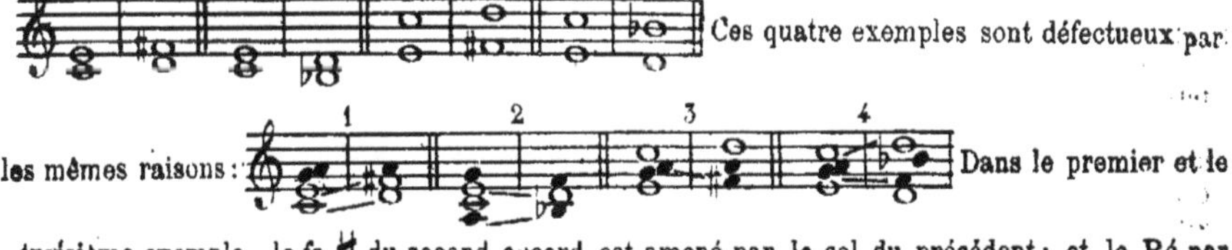

Ces quatre exemples sont défectueux par les mêmes raisons: Dans le premier et le troisième exemple, le fa ♯ du second accord est amené par le sol du précédent; et le Ré par le Do du précédent. Dans le deuxième et le quatrième exemple, le Si ♭ est amené par le La, et le Ré par le Mi ou le Do.

111 A deux parties on ne peut faire suivre une tierce quelconque d'une quinte, ni une sixte quelconque d'une quarte juste: 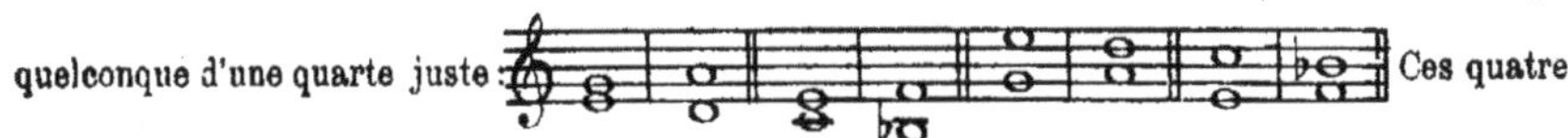 Ces quatre exemples sont défectueux, par les mêmes raisons :

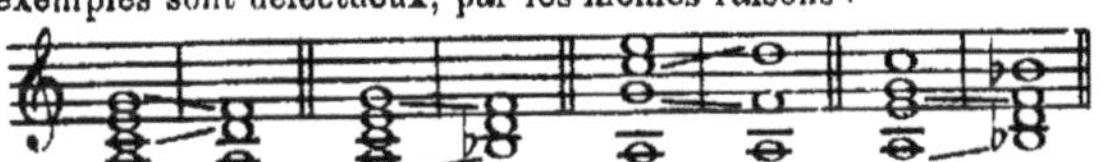

Dans le premier et le troisième exemple, le La ne peut être amené que par le La; dans le second et le quatrième exemple, le Fa ne peut être amené que par le Sol.

112 Tous ces enchaînements sont interdits à deux parties; à trois parties les derniers exemples peuvent se faire en doublant une des notes à une octave inférieure ou supérieure, en lui donnant une direction inverse; ex: 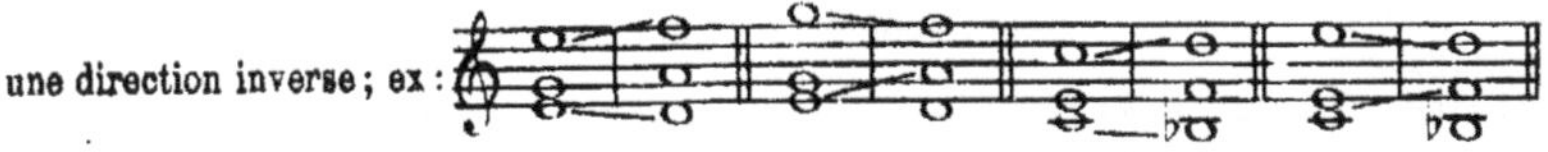

113 Tous les enchaînements précédents sont permis, à plus de deux parties, quand l'un des deux intervalles (l'enchaînant ou l'enchaîné) sont rendus dissonants par la présence d'une autre partie. Ex: Suites de quintes: Ex: Suites de quartes:

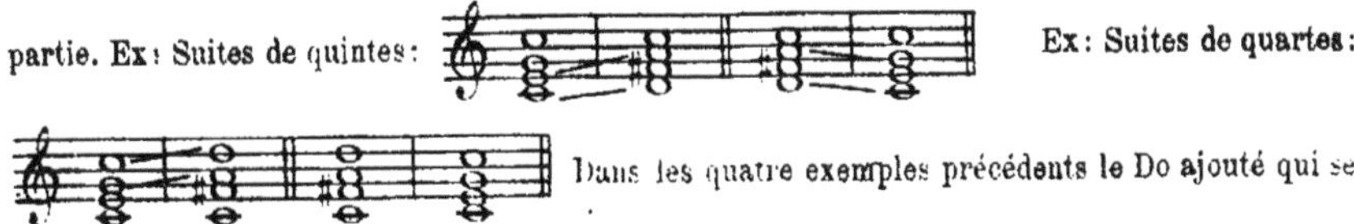

Dans les quatre exemples précédents le Do ajouté qui se

maintient, rend l'un des deux accords dissonant, il produit une septième mineure. En analysant ces quatre exemples, on trouve également des suites de tierces majeures et de sixtes mineures, dont la seconde contient une note étrangère à la tonalité (le Fa ♯); on y trouve également des tierces suivies de quintes et des sixtes suivies de quartes :

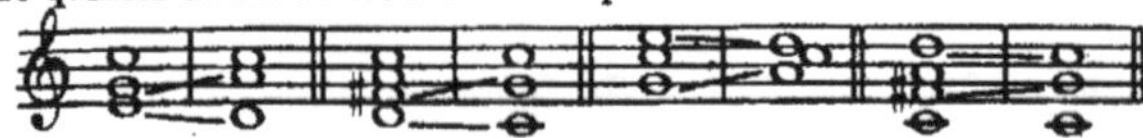

114 Ces enchaînements sont également permis quand les deux accords (enchaînant et enchaîné) sont tous deux dissonants. Ex :

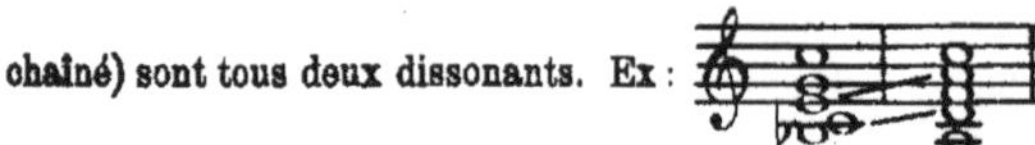

115 Néanmoins il vaut mieux les éviter quand il n'y a pas une nécessité absolue motivée par la marche des parties; car dans tous les cas, même par l'addition de la partie qui rend dissonant l'un des deux accords, ces directions sont en contradiction avec les règles de l'accord neutre. Les latitudes précédentes ne sont motivées que par la perte du sentiment tonal, inhérent aux accords dissonants, ou pour mieux nous expliquer, il n'y a que les accords consonnants qui ont un sentiment tonal, surtout à l'état direct; donc les accords dissonants n'ayant pas ce caractère peuvent s'enchaîner sans compromettre un sentiment qu'ils n'ont pas.

CHAPITRE XVI

DIRECTION DES DISSONANCES DÉTERMINÉES ET INDÉTERMINÉES

116 Les dissonances (en dehors de la tonalité) ont toutes indistinctement le caractère indéterminé.

117 En conséquence, les déterminées cessent d'avoir une marche obligée, et peuvent avoir des directions multiples comme les indéterminées. L'état dissonant est un état instable, l'état consonnant est l'état stable. Or, que la stabilité soit obtenue d'une manière ou d'une autre, le but est toujours atteint. Ainsi, dans la quinte diminuée, on obtiendra la stabilité, soit en élevant la note inférieure, soit en baissant la supérieure, soit ces deux mouvements réunis. Ex :

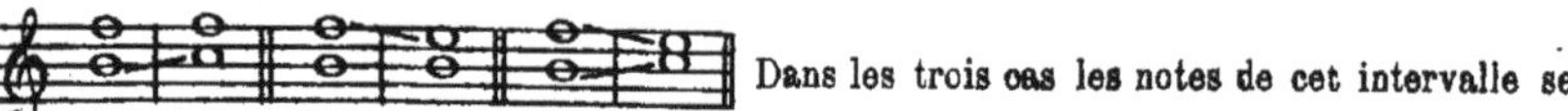

Dans les trois cas les notes de cet intervalle se rapprochent; or, c'est précisément l'inverse pour la quarte augmentée, car en renversant les trois exemples précédents, et en conservant la même direction qu'elles ont, on aurait l'inverse, les notes s'éloigneraient; mais sans renverser ces trois exemples, il suffit d'écrire Mi ♯, au lieu de Fa, et nous aurons des quartes augmentées au lieu des quintes diminuées, et la direction sera changée. Ex :

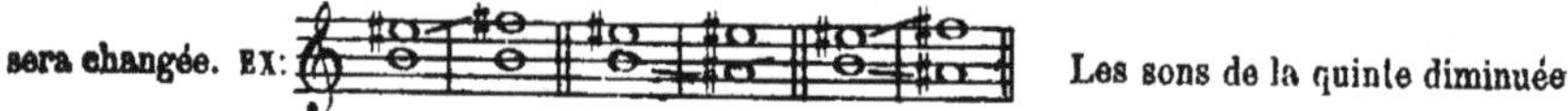

Les sons de la quinte diminuée sont les mêmes que ceux de la quarte augmentée, la marche de ces sons dépend donc de leur écriture, et cette dernière dépend de la tonalité dans laquelle on va ; donc, quand un accord actif ou neutre contient des dissonances déterminées et qu'elles ont des directions différentes de celles des paragraphes 28, 29 et 33, elles doivent être rangées parmi les indéterminées, c'est-à-dire non tonales. Il n'y a donc que l'accord actif suivi de son passif qui contiennent les dissonances vraiment déterminées.

118 Donc, les dissonances déterminées peuvent avoir d'autres directions que celles des § 28, 29 et 33, mais dans ce cas elles détruisent la tonalité, et, par conséquent, deviennent indéterminées, c'est-à-dire neutres, et les accords ou les intervalles desquels elles font partie sont neutres, et leur écriture est facultative selon la tonalité dans laquelle ils vont.

DEUXIÈME PARTIE

CHAPITRE XVII

MODIFICATIONS APPARENTES DES ACCORDS

119 Ces modifications n'affectent que la forme sous laquelle se présentent les accords, mais ne changent rien aux règles précédentes. Ces modifications sont les suivantes :

1° Renversements et positions ;
2° Redoublements et retranchements (1) ;
3° Altération mélodique ;
4° Notes de passages ;
5° Petites notes ;
6° Appogiatures simples et composées ;
7° Prolongation ou retard ;
8° Syncopes et anticipation ;
9° Pédales ;
10° Enharmonie.

ALTÉRATION MÉLODIQUE

120 L'altération mélodique consiste dans l'abaissement ou l'exhaussement de une ou plusieurs des notes des accords passifs et actifs *seulement*, à l'aide de signes étrangers à la tonalité (♯, ♮ ou ♭).

121 Les accords modifiés par l'altération mélodique conservent les mêmes propriétés ; c'est-à-dire que leur enchaînement a lieu comme si la note n'était pas altérée.

122 L'altération mélodique n'est soumise à aucune règle spéciale ; elle suit les caprices de l'imagination.

123 L'altération mélodique a pour effet de diminuer la distance entre deux sons voisins, séparés d'un ton entier. Ainsi dans une marche de Do à Ré, on peut diézer le Do, après l'avoir fait entendre naturel : on peut même attaquer la note altérée sans l'avoir fait précéder de sa note naturelle, de même en descendant.

124 Par imitation de l'écriture des notes des intervalles attractifs, on dièze la note quand elle va sur un son supérieur, et on la bémolise dans le cas contraire.

125 Quand la note est déjà diézée, on met un double dièze dans la marche ascendante ; quand elle est déjà bémolisée, un double bémol dans la marche descendante.

126 Quand la note est bémolisée, on met un bécarre dans la marche ascendante ; quand la note est diézée, on met un bécarre dans la marche descendante.

127 Une mélodie altérée mélodiquement doit être harmonisée, comme si les notes altérées étaient restées naturelles.

128 L'altération mélodique peut avoir lieu dans les parties intermédiaires, ainsi qu'à la basse. Elle peut avoir lieu sur toutes les notes des accords passifs et actifs, seulement.

129 Elle peut être ascendante ou descendante. Son but, étant de diminuer la distance d'un son a un autre voisin, afin d'adoucir l'enchaînement, il est certain que si l'altération agrandissait cette distance, on obtiendrait un effet contraire, ce qui ne manquerait pas de rendre l'enchaînement plus dur.

EXEMPLES D'ALTERATION MÉLODIQUES.

SUR LES TROIS NOTES DE L'ACCORD PASSIF.

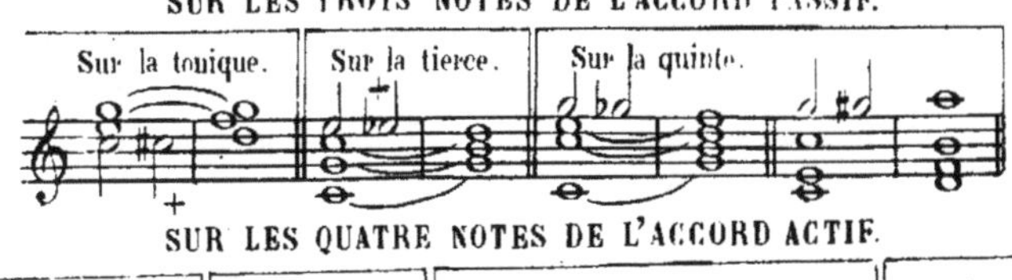

SUR LES QUATRE NOTES DE L'ACCORD ACTIF.

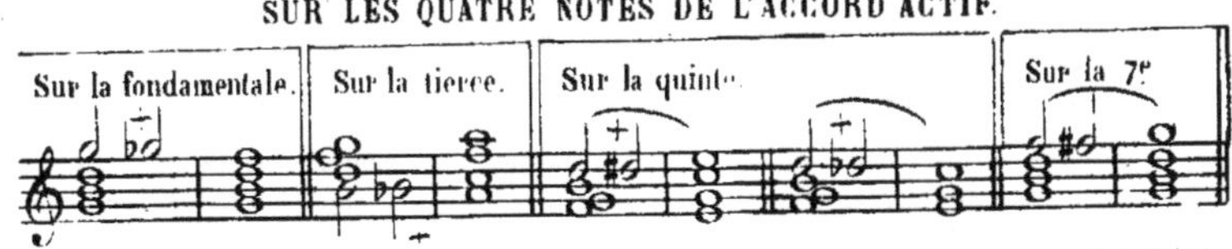

(1) Ces modifications ayant été étudiées chapitre V, VI et VII, nous ne nous en occuperons plus ici.

130 Les notes altérées mélodiquement peuvent être doublées, soit à l'octave inférieure, soit à l'octave supérieure, mais la note qui double l'altérée ne doit pas l'être, car elles doit dans tous les cas avoir une direction différente; la note qui double ne peut être altérée que si elle a une altération qui lui indique une direction différente. Ex : ces dernières propriétés et celle qui ne permet ce genre de modifications que sur les notes des accords passifs et actifs seulement, établissent la ligne de démarcation qui existe entre l'altération mélodique et l'altération harmonique. L'altération harmonique est celle que nous avons étudiée sur les accords neutres.

131 Dans des cas très rares, on peut dans un accord neutre faire entendre une note altérée mélodiquement à une autre octave, et l'autre naturelle à la constitution de l'accord. Ex :

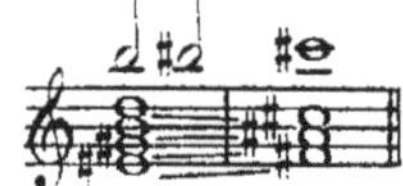

mais c'est là une exception, que ne justifie que la bizarrerie de conception. On doit dans tous les cas donner à la note altérée une durée très courte, ce qui l'assimile plutôt à une note de passage.

132 Quand un accord, passif ou actif, passe dans une autre tonalité, il doit être considéré comme neutre (chapitre XI); dans ce cas l'altération de ces accords est harmonique et cesse d'être mélodique, car elle affecte la construction de l'accord.

CHAPITRE XVIII

NOTES DE PASSAGES.

133 Les notes de passages, simples, composées, appogiatures, sont des ornements qui servent à parer une mélodie. Quand, dans une mélodie, une note va sur une autre par mouvement disjoint, toutes les notes absentes sont de passage, ex : si donc on vient à les écrire, elles doivent être considérées comme telles, sauf celle qui précède le changement d'accord, si elle en fait partie (§ 48 et 49).

134 Les notes de passage n'ont pas d'harmonie propre, elles doivent supporter celle de la note qui leur sert de point de départ; si l'harmonie change au point d'arrivée, ce dernier devient à son tour point de départ, et les notes de passage qui le suive supportent son harmonie. Les points de départ coïncident le plus souvent avec les temps forts des mesures. Les notes de passage se trouvent donc comprises, le plus souvent, entre deux temps forts, c'est-à-dire sur le temps faible. Dans la mesure à quatre temps, le premier et le troisième temps sont forts; les deux autres sont faibles. Quand le mouvement est très lent, chaque temps peut être pris comme temps fort et sa seconde moitié comme temps faible. Mêmes observations pour la mesure a $\frac{12}{8}$. Dans les mesures à deux temps, le premier est fort, le second faible. Quand le mouvement est très lent, les deux sont forts et leur seconde moitié faible; dans ce cas, c'est une véritable mesure à quatre temps. Mêmes observations pour la mesure à $\frac{6}{8}$. Dans les rhythmes ternaires, le premier tiers est fort, et les deux autres faibles. Les mesures $\frac{12}{8}$ et $\frac{6}{8}$, dans les mouvements très lents, doivent être considérées commes ternaires. Chaque temps est ternaire, et le premier tiers est fort, les deux autres faibles; c'est-à-dire que chaque mesure du $\frac{12}{8}$ doit être considérée comme composée de quatre mesures ternaires, et chaque mesure du $\frac{6}{8}$ comme deux mesures ternaires. Le $\frac{9}{8}$, très lent, comme trois mesures ternaires,

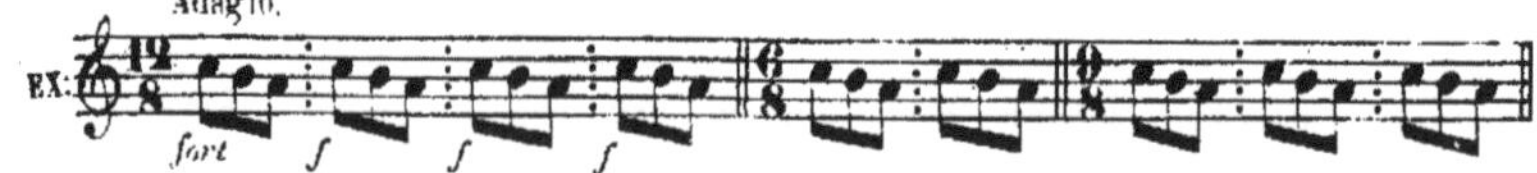

La première croche de chaque groupe de trois notes est considérée comme temps fort, les deux autres comme temps faible. Les notes réelles sont le plus souvent sur les temps forts, et les notes de passage sur les temps faibles, c'est la note réelle qui doit être harmonisée, et les notes de passage supportent l'harmonie de la note réelle.

135 Quand on associe les notes de passage dans plusieurs parties à la fois, elles ne doivent for-

mer entre elles que des mouvements permis, elles se comportent dans ce cas comme une harmonie spéciale et incidente, indépendante en quelque sorte de l'harmonie de la note réelle. Le nombre des notes de passage varié avec la différence des mouvements.

136 Quand le mouvement est vif, le nombre des notes de passage augmente, ce nombre diminue quand le mouvement est plus lent ; enfin toutes les notes sont réelles dans un mouvement très lent.

137 Par les mêmes raisons, lorsqu'une note est de durée très courte, elle peut être de passage, mais rarement quand sa durée est longue.

PETITES NOTES, APPOGIATURES

138 La petite note est un agrément qui précède toujours la note réelle ; elle s'exécute très vivement. Elle se place soit à un degré supérieur, inférieur ou disjoint. Elle s'écrit en petits caractères.

139 L'appogiature est une variété de la petite note. Sa durée étant plus grande, elle n'a pas une liberté aussi grande. Comme la petite note, elle précède toujours la note réelle, mais seulement à un intervalle conjoint, soit supérieur ou inférieur ; dans ce dernier cas l'appogiature ne doit être qu'à un demi-ton, rarement un ton.

140 L'appogiature peut être composée de deux ou trois notes ; dans ce cas c'est plutôt un groupe de petites notes.

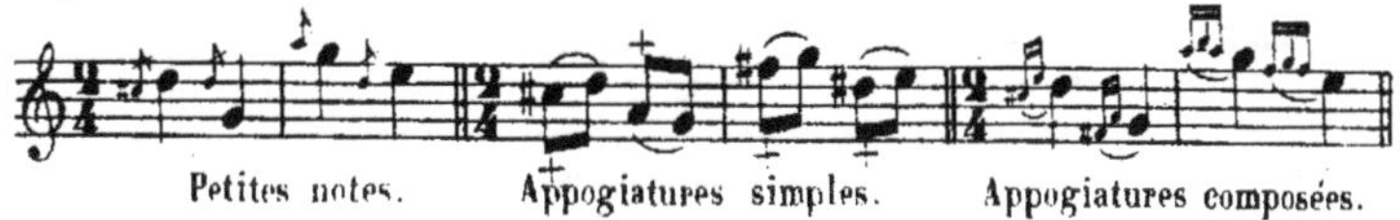

Petites notes. Appogiatures simples. Appogiatures composées.

Les règles restent les mêmes dans tous les cas de petites notes ou appogiatures, l'harmonie s'écrit d'après les notes réelles. Le problème de ce chapitre consiste donc à reconnaître les notes de passage ou les appogiatures des notes réelles.

141 Quand la note qui forme appogiature fait partie de l'accord précédent, on lui donne le nom de prolongation quand on ne la répète pas : . Si la note était frappée à nouveau, ce serait encore l'appogiature. EX :

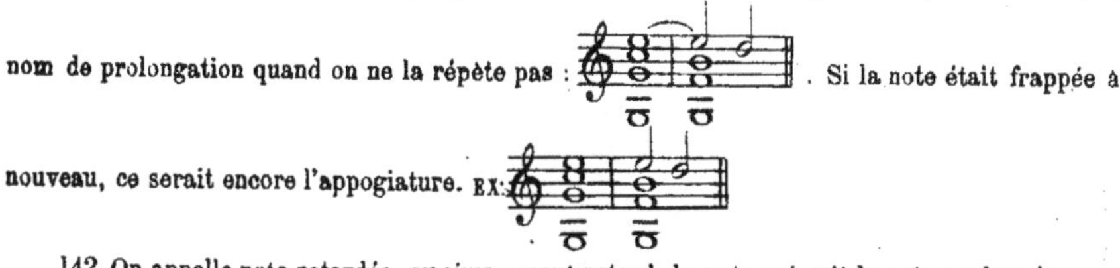

142 On appelle note retardée, ou simplement retard, la note qui suit la note prolongée.

143 Toutes les notes des accords peuvent être prolongées. La direction de la note prolongée doit avoir lieu sur la note retardée, de laquelle elle tient momentanément la place, et cela pendant la durée du second accord, sur lequel a lieu la prolongation.

144 Si la note prolongée se trouve à un intervalle de septième mineure ou de seconde majeure avec une des notes de l'accord, elle doit descendre d'un degré, conformément aux paragraphes 29 et 33.

145 Si la note prolongée se trouve à un intervalle de septième majeure ou seconde mineure avec une des notes de l'accord, elle peut ou monter ou descendre si la note retardée fait partie de l'accord. La direction descendante est toujours préférable. Ex :

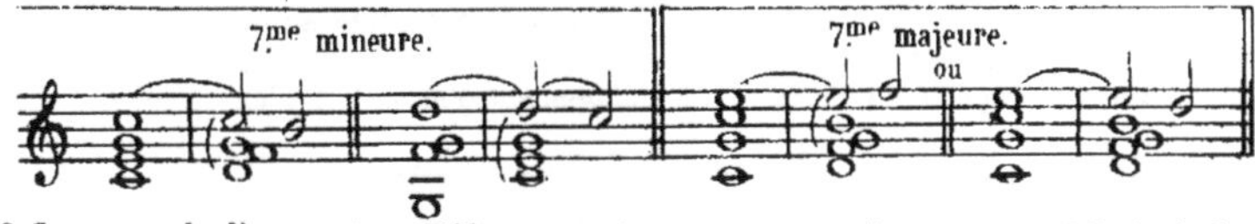

146 Les accords dissonants, actifs ou neutres, conservent la direction obligée de leurs dissonances quand leurs résolutions sont naturelles.

147 Quand on exclut de l'accord la note qui établit une septième mineure ou une seconde majeure avec la note prolongée, on peut donner à cette dernière une marche ascendante. EX : . Le Ré étant retranché, l'intervalle qu'il formerait avec le Do prolonge n'existe plus. Ce dernier peut donc avoir la marche ascendante ; néanmoins la marche descendante est préférable EX : Car le Ré est toujours soupçonné (§ 54).

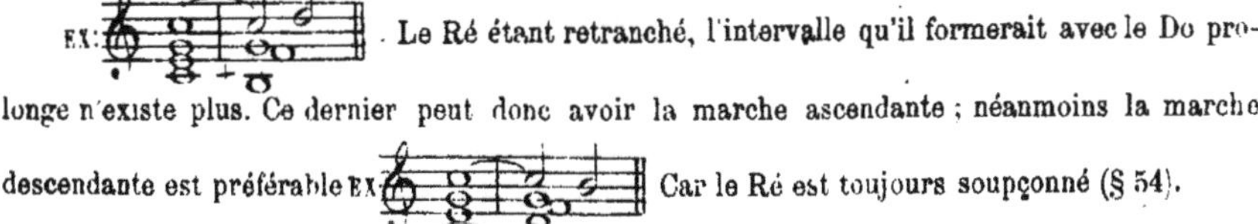

148 La prolongation peut avoir lieu dans toutes les parties. Il faut éviter, dans tous les cas,

de faire entendre la note retardée à la même octave, quand bien même elle serait amenée par une autre note que la note prolongée ; l'exemple suivant est défectueux, car le Mi prolongé tient la place du Ré ; or ce Ré ne peut exister en même temps.

149 Quand on double une note retardée, il faut que la note qui double soit à une octave inférieure et que chaque note soit amenée d'une manière différente. EX: Le Mi retarde le Ré ; ce dernier est amené par Mi. Le Ré qui est écrit à l'octave inférieure est amené par Do ; cet exemple est bon. Si le Ré intérieur était amené par Mi, l'exemple serait défectueux ;

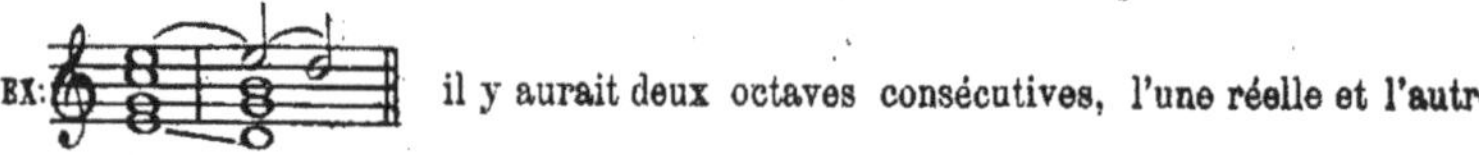

il y aurait deux octaves consécutives, l'une réelle et l'autre retardée. Il en est de même des mouvements défendus, les retards de marches ne font pas disparaître les mauvais enchaînements, ils ne font que les différer.

150 La prolongation se pratique également sur les accords neutres altérés ou non ; les règles restent les mêmes que celles des dissonances de l'accord actif, c'est-à-dire que la prolongation peut se pratiquer sur toutes les notes des accords neutres ; mais la note prolongée doit se résoudre sur la note retardée, comme s'il n'y avait pas eu prolongation.

151 Dans tout accord neutre, les notes à direction contrainte conservent la direction qu'elles auraient si elles n'étaient pas prolongées. Comme pour les accords précédents, la septième mineure donne à la prolongation la marche descendante obligée, et la septième majeure ascendante ou descendante.

152 Quand la prolongation forme une neuvième mineure avec une des notes de l'accord, la direction de la note prolongée doit être descendante.

153 Quand la prolongation forme une neuvième majeure la direction de la note prolongée peut être ascendante ou descendante, à moins qu'elle ne forme une septième mineure avec une autre note, alors elle doit être descendante quand même.

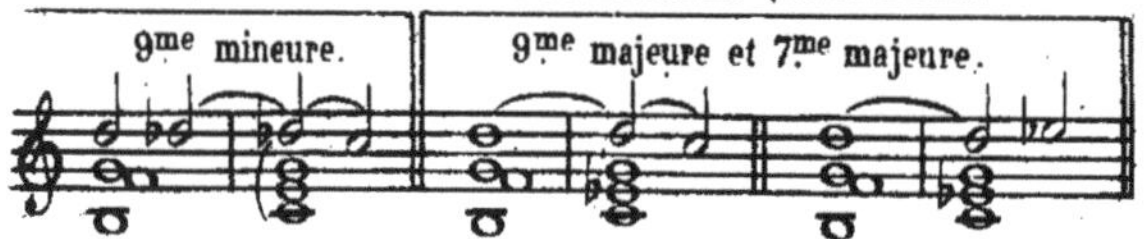

Mêmes observations pour les renversements ou l'espacement des neuvièmes.

154 Quand dans un même accord il se rencontre, par suite de la prolongation, une neuvième mineure et une septième majeure, ou une neuvième majeure et une septième mineure, la note prolongée doit toujours se soumettre à l'intervalle mineur, elle doit descendre.

155 Les prolongations peuvent se pratiquer sur une ou plusieurs notes du même accord, dans ce cas on les nomme : prolongations doubles, triples, quadruples. Quand la prolongation a lieu sur toutes les notes, il n'y a plus prolongation.

Dans les mouvements très lents (adagio), toute note, d'une certaine durée, étrangère à un accord (1), produit une dissonance anormale. Cette note doit avoir été entendue dans l'accord précédent à l'état de note constitutive, et ne doit pas être répétée au moment du changement d'accord. C'est la prolongation proprement dite. Si le mouvement est plus animé (and°), la note prolongée pourra être répétée au moment du changement d'accord ; il n'est même pas nécessaire qu'elle soit au même degré dans l'accord précédent, il suffit qu'elle puisse en faire partie

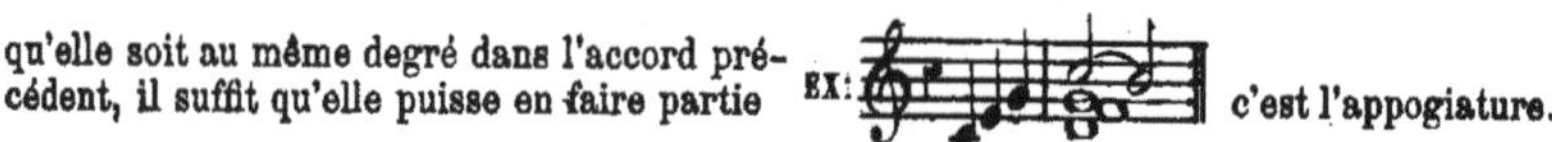

c'est l'appogiature.

Dans un mouvement vif, on peut ne prendre aucune des précautions précédentes, surtout si l'on donne une petite valeur à la note. C'est ce qui constitue la note passage simple ou petite note, ou retard.

156 Les dispositions suivantes

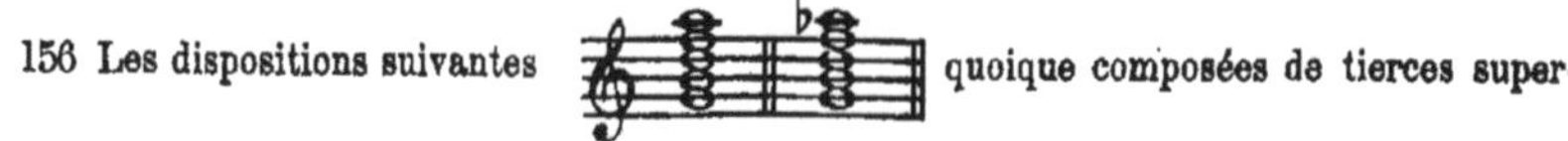

quoique composées de tierces super-

(1) Nous nommons note étrangère à un accord toute note qui ne peut le transformer en actif ou en neutre, et qui ne peut présenter par les renversements une superposition de tierces.

posées, doivent être considérées comme des accords actifs, additionnés d'une *note étrangere* provenant, soit d'une note prolongée, d'une appogiature, ou d'une note de passage. La note étrangère (9me) doit se diriger selon les règles de la prolongation, § 152, 153 et 154.

157 Ces dispositions ne peuvent se renverser, car la neuvième majeure retarde sa seconde inférieure ou supérieure ; or, en conservant toutes les notes dans les renversements, on aurait la note retardée doublée à l'unisson, cas prévu § 148 et 149. Il faut donc, lorsque l'on veut renverser ces dispositions, supprimer la note retardée. Ex or, cette suppression assimile ces dispositions à des accords neutres et comme tels, les règles de ces accords peuvent leur être appliquées, c'est-à-dire qu'on peut les faire résoudre selon les dissonances qu'elles contiennent en les considérant comme dissonances constitutives, ou considérer la septième comme prolongation (note étrangère), et lui donner la direction des paragraphes 144 et 145. Quoiqu'il en soit, les dispositions peuvent s'attaquer sans préparation, à la condition toutefois que la neuvième soit à la partie supérieure, et la fondamentale à la neuvième inférieure au-dessous au moins, quelle que soit la position des autres notes, EX:

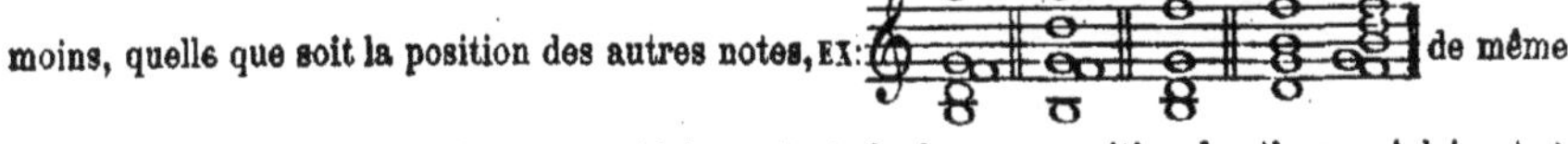

de même pour la neuvième mineure. Cette propriété provient de la superposition des tierces, inhérente à ces dispositions, qui donne une certaine douceur à ces agrégations; or, ce sentiment subsiste dans les renversements, quand on prend les précautions énoncées plus haut.

158 Ces agrégations n'ont pas de résolutions propres, elles ont celles de la cause qui motive la présence de la neuvième; si c'est une prolongation, elle doit descendre EX:

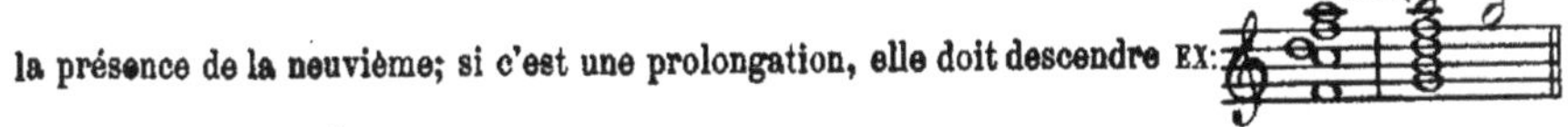

§ 144 et 145. Si c'est une appogiature, elle doit également descendre, puisqu'elle tient encore dans ce cas la place de la note réelle. Ex :

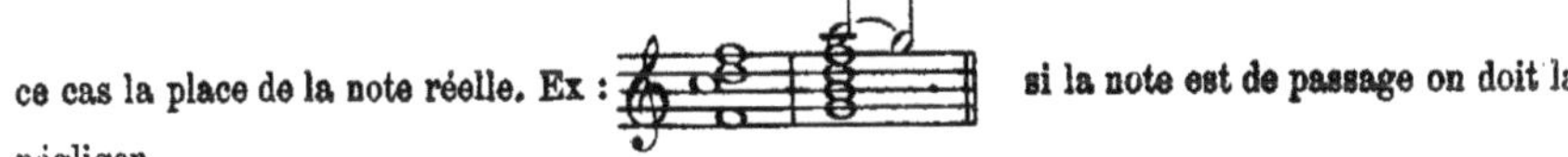

si la note est de passage on doit la négliger.

159 Nous avons vu § 143 que la note prolongée ou appogiature devait exécuter son mouvement sur la note retardée, pendant la durée de l'accord sur lequel a lieu la prolongation. On peut, au moment même où la note prolongée se résout sur la note retardée, introduire un accord duquel peut faire partie la note retardée.

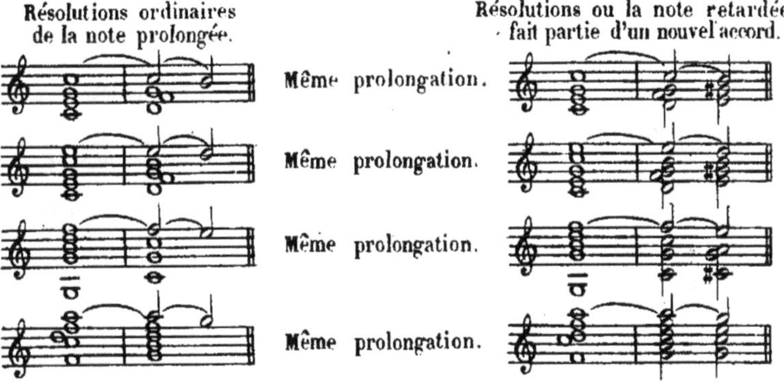

On voit par ces exemples que la note retardée peut ne pas se résoudre sur le second accord et attendre le troisième, à la condition que la note retardée puisse entrer dans la construction de ce troisième accord.

PÉDALE

160 On nomme pédale une prolongation qui se continue un temps indéterminé pendant une série d'accords, auxquels elle est partie étrangère ou constitutive. La pédale se fait le plus souvent avec la tonique inférieure ; d'autres fois avec le cinquième degré ; plus rarement dans les parties intermédiaires et plus rarement encore à la partie supérieure.

EXEMPLES DE PÉDALES.

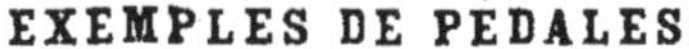
Pédale à la partie inferieure.

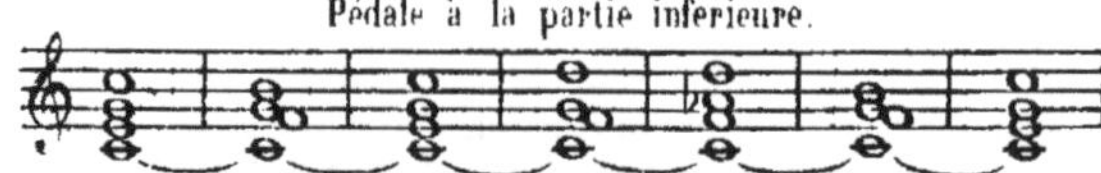

Pédale avec la tonique à la partie inférieure.

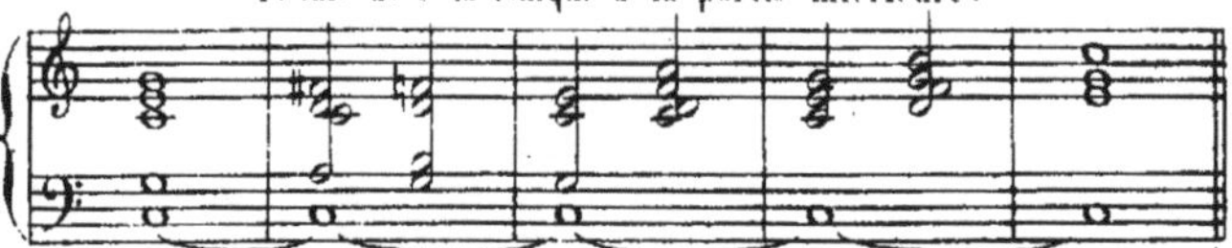

Pédale avec le cinquième degré à la partie inférieure.

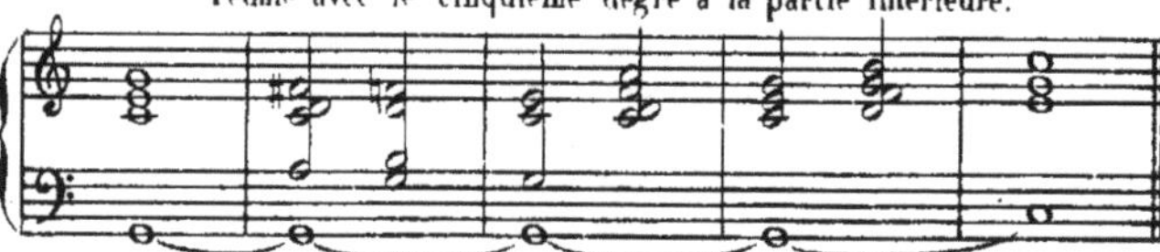

Pédale avec la tonique et le cinquième degré à la partie inférieure.

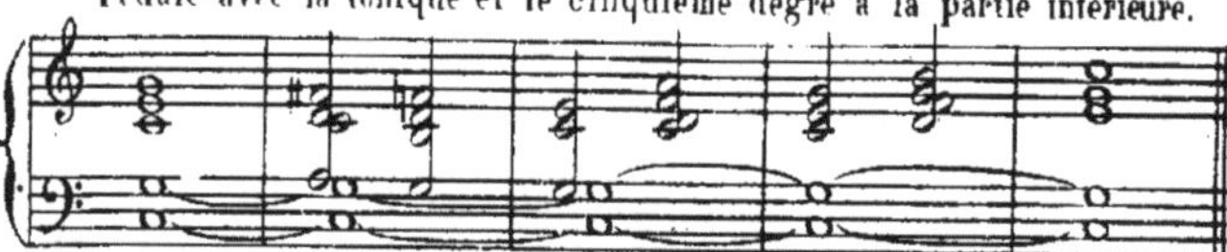

Pédale intérieure avec la tonique.

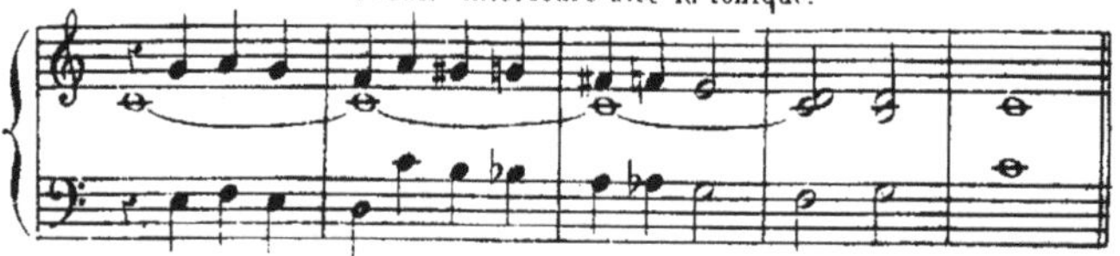

Dans le dernier exemple, on peut mettre la tonique à la partie supérieure pour former un exemple de pédale supérieure avec la tonique.

161 Que les pédales soient inférieures, intérieures ou supérieures, qu'elles aient lieu avec la tonique, le cinquième degré ou les deux réunis, les parties restantes conservent leurs règles ; la partie inférieure en dehors de la pédale se comporte comme une basse véritable.

162 Quand une note est partie constitutive d'une série d'accords, elle prend le nom de tenue ; elle diffère de la pédale en ce que les dissonances qu'elle peut produire sont constitutives des accords auxquels elle appartient, tandis que les dissonances produites par la pédale tiennent à ce que la note pédale est étrangère à l'accord.

ANTICIPATIONS, SYNCOPES ET RETARDS

163 Quand une seule ou plusieurs des parties devancent la résolution d'un accord, c'est-à-dire quand ces parties font entendre les notes sur lesquelles elles vont avant l'accord lui-même, il y a anticipation. Ex : 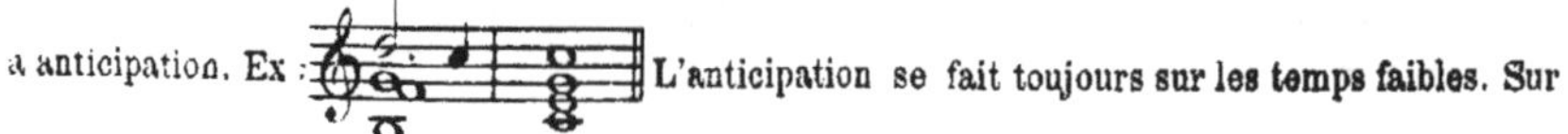 L'anticipation se fait toujours sur les temps faibles. Sur

les temps forts c'est toujours la prolongation : Dans ce dernier cas, c'est l'accord presque entier qui est prolongé. Prolongation triple, § 155.

164 Ce qu'on nomme ordinairement retard est l'inverse de l'anticipation. C'est une des notes de l'accord qui, au lieu de se résoudre en même temps que lui, attend que les autres notes soient résolues et se résout elle-même un peu après. Ex : C'est encore une prolongation qui, en raison de la courte durée de la note prolongée, n'est pas soumise aux règles des paragraphes 144 et 145. La note prolongée doit aller sur celle sur laquelle elle serait allée si la prolongation n'existait pas, que la direction soit ascendante, descendante ou même disjointe, sans égards aux dissonances quelle peut produire avec les autres notes de l'accord ; la condition expresse est la courte durée de la note prolongée ; autrement, c'est une véritable prolongation.

165 On nomme syncope, en harmonie, une succession d'accords de durée égale dans laquelle une partie de l'accord se fait sur le temps fort et l'autre sur le temps faible.

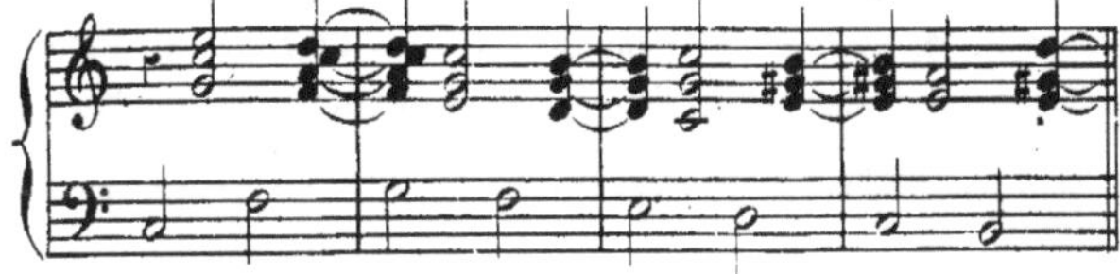

On voit que c'est l'anticipation ou le retard régulier, selon le point de vue auquel on se place ; si l'on considère la basse, cette partie anticipe constamment d'un temps sur l'harmonie ; si l'on considère les parties supérieures, elles retardent dun temps également. Cette modification n'a pas de règle, on doit harmoniser comme si les accords étaient plaqués. Exemple précédent :

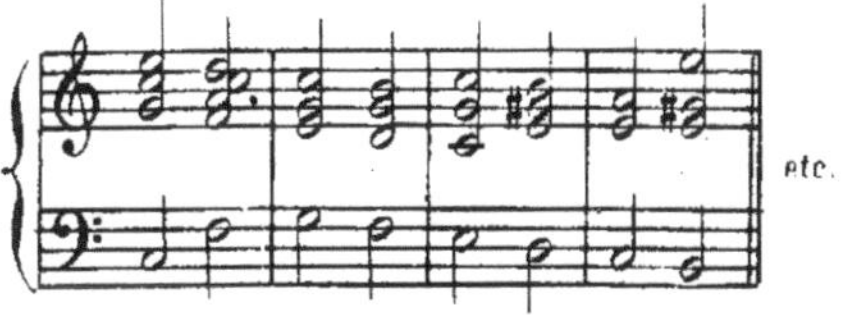

CHAPITRE XIX

ENHARMONIE, HOMOPHONIE

166 L'enharmonie est une opération par laquelle on substitue une tonalité à sa semblable, mais écrite différemment. Ainsi, en substituant la tonalité de Si ♮ à celle de Do ♭, ou celle de Mi ♮ à celle de Fa ♭, on fait une substitution que l'on nomme enharmonique, qui a pour effet de rendre la lecture de cette tonalité plus facile et par suite plus exécutable. « *Nous ne voulons pas parler ici de l'enharmonie des physiciens, qui distinguent une différence d'acuité entre un sol ♯, par exemple, et un La ♭ ; nous nous plaçons au point de vue harmonique et de la gamme tempérée.* » Dans la substitution enharmonique, toutes les notes doivent changer de dénomination. Ex :

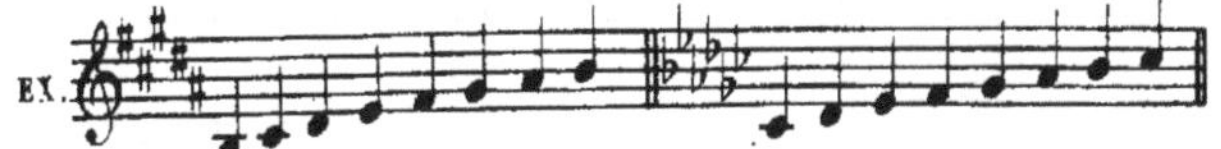

167 L'homophonie diffère de l'enharmonie en ce qu'elle ne change l'écriture que de une, deux ou trois, des notes des accords, et par ce fait substitue un intervalle à un autre ; ainsi : Si dans cet accord on change le Mi ♯ en Fa ♮, la quinte diminuée Mi ♯-Si, devient quarte augmentée : Fa-Si ; or, les attractions de la quarte augmentée sont inverses de celles de la quinte diminuée ; le rôle de l'accord se trouve donc changé ; de même en changeant l'écriture des

autres notes. Il n'existe donc pas de modulations enharmoniques réelles ; c'est simplement le passage d'une tonalité à une autre, mais écrite d'une manière plus lisible :

PASSAGE DE MI ♭ EN SI ♮ (Modulation nommée en harmonique.)

MÊME EXEMPLE TRANPOSÉ D'UN DEMI-TON. (Modulation ordinaire.)

Dans le premier exemple on devrait aller en Do ♭, mais pour faciliter la lecture, on substitue l'écriture en Si ♮. Or, le deuxième exemple est semblable, mais étant écrit un demi-ton plus bas, on va de Ré en Si ♭, et l'enchaînement est ordinaire, l'écriture enharmonique n'est plus utile. Mais le principe est le même dans l'un ou l'autre exemple. La modulation enharmonique n'est donc pas un moyen différent de la modulation ordinaire, c'est le passage d'une tonalité à une autre par une note semblable appartenant aux deux tonalités, mais qui est écrite différemment pour faciliter la lecture.

CHAPITRE XX

PROGRESSIONS

168 On nomme progressions, ou marches harmoniques, une suite harmonique ou mélodique de sons, marchant uniformément d'après un dessin rhythmique, qui revient à des distances d'intervalles et de rhythmes égales entre elles.

169 La progression se compose d'un modèle, qui est ordinairement d'une courte durée.

170 Le modèle est suivi d'un dessin, qui reproduit les mêmes valeurs rhythmiques et les mêmes intervalles, à un ou plusieurs degrés, soit supérieurs, soit inférieurs.

171 Le premier dessin est suivi d'un second, le second d'un troisième, etc., etc.

172 Chaque dessin se comporte vis-à-vis de celui qui le précède comme le prémier vis-à-vis du modèle.

173 On poursuit jusqu'au moment où l'on veut conclure. On termine ordinairement par un acte de cadence parfaite, dans la tonalité ambiante ou dans une autre.

174 Les progressions se divisent en deux classes, les progressions non modulantes et les modulantes.

175 Dans les progressions non modulantes, on ne doit employer que les notes de la tonalité dans laquelle on est.

176 Le modèle doit être un enchaînement simple et correct, autant que possible un enchaînement d'un actif avec son passif. Dans le premier dessin, on reproduit exactement la position relative des notes du modèle et en leur donnant la même valeur rhythmique, sans employer de notes étrangères à la tonalité :

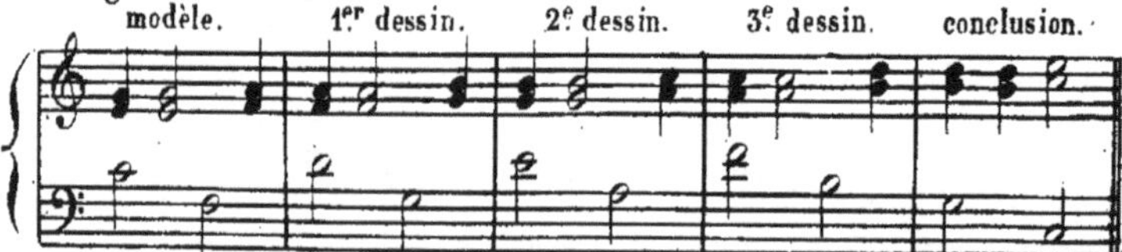

177 Les intervalles n'ont pas besoin d'avoir la même qualité ; ainsi, dans le modèle, la tierce Mi-Sol est mineure ; dans le premier dessin, la tierce Fa-La est majeure ; dans le modèle, la basse marche par une quinte juste descendante ; dans le troisième dessin, la quinte Fa-Si est diminuée.

178 On doit négliger dans les dessins les intervalles attractifs dissonants qui peuvent s'y rencontrer, on ne doit s'occuper que de la ressemblance des mouvements des parties, excepté au moment où l'on veut conclure.

179 Le premier accord du modèle et des dessins est toujours un accord dissonant ; quand il

ne contient que des consonnances, c'est que la note qui lui donnerait la qualité dissonante n'est pas écrite ·

PROGRESSION COMPOSÉE D'ACCORDS CONSONNANTS.

modèle. 1er dessin. 2e dessin. 3e dessin. conclusion.

Même progression, où la note qui rend le premier accord, dissonant, est rétablie :

modèle. 1er dessin. 2e dessin. 3e dessin. conclusion.

180 Le second accord du modèle et des dessins est toujours un accord consonnant. (Voir le dernier exemple.)

181 Il y a une exception à cette dernière règle dans les progressions non modulantes; quand le septième degré fait partie du second accord, il est presque toujours accompagné du quatrième degré, ce qui produit une dissonance de quinte diminuée ou de quarte augmentée; mais le mouvement acquis de la progression l'emporte sur le fond tonal, et passagèrement cette agrégation tient la place d'un accord consonnant. Quoiqu'il en soit, c'est le seul cas où le septième degré peut avoir un mouvement descendant, et le quatrième un ascendant, quoiqu'en contact tous les deux.

182 On peut encore ajouter au second accord du modèle et des dessins une note qui rend l'accord dissonant, ce qui produit un enchaînement d'accords dissonants (cadences évitées) :

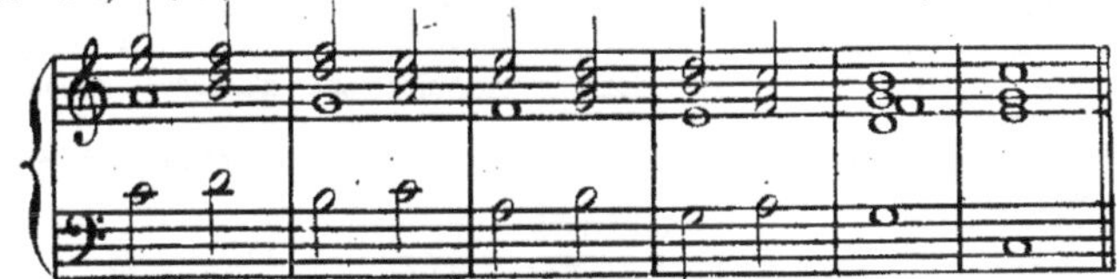

183 Les progressions peuvent être modulantes, en employant des notes étrangères à la tonalité primitive et en passant dans différentes tonalités majeures ou mineures facultativement :

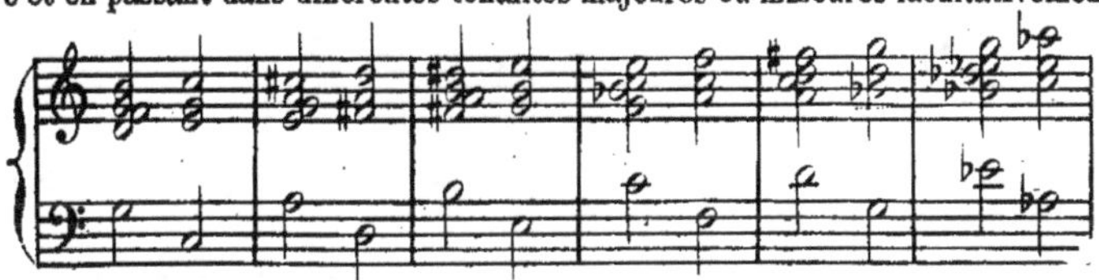

184 Dans les progressions modulantes, il est préférable d'employer, comme premier accord du modèle ou des dessins, l'accord actif de la tonalité dans laquelle on va, comme ci-dessus ; on peut encore supprimer la septième qui rend ces accords dissonants, ce qui produit un enchaînement d'accords consonnants :

Même exemple avec la septième retranchée

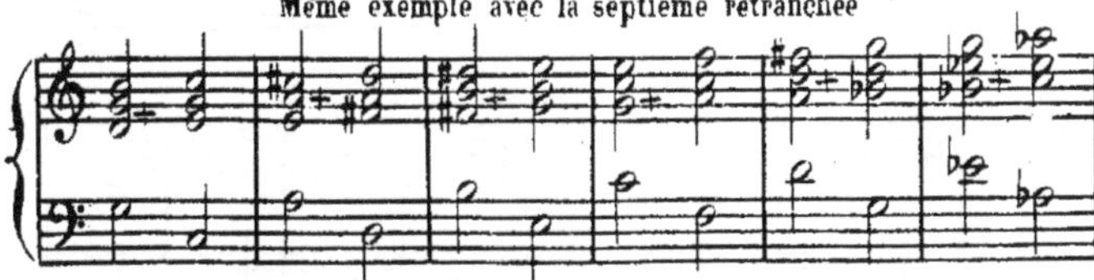

185 Le premier accord peut être un accord neutre :

186 Quand on emploie ces accords, il est préférable de leur donner leur résolution naturelle. Néanmoins, on peut se servir avec effet des autres :

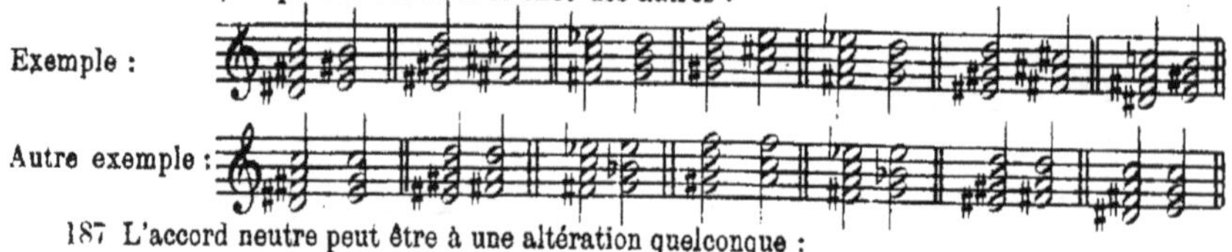

187 L'accord neutre peut être à une altération quelconque :

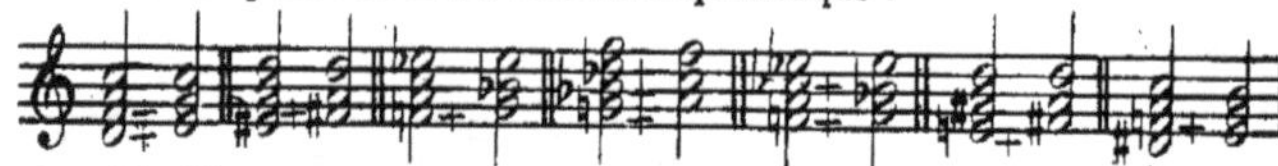

188. Il est préférable dans une même progression d'employer toujours la même altération dans le modèle et dans les dessins, afin de rendre les dessins et le modèle plus ressemblants.

189 Les suites de tierces et sixtes sont des progressions. Ce sont des enchaînements d'accords dissonants (neutres) desquels on retranche, non pas la note dissonante, mais bien celle qui la rendrait dissonante, si on la rétablissait (fondamentale) :

DÉMONSTRATION.

190 Il en est des progressions comme des accords ; le retranchement de une ou plusieurs notes n'ôte pas à une progression son caractère; ainsi, chaque partie prise séparément est une progression, une gamme est donc une progression. Or, dans la progression précédente, si l'on retranche la partie grave, les parties supérieures n'en appartiennent pas moins à la même progression. Les suites de tierces et sixtes sont donc des enchaînements d'accords dissonants desquels on ôte la fondamentale.

191 Dans les suites ascendantes de tierces et sixtes, c'est la note dissonante elle-même qui est retranchée (Septième) :

SEPTIÈME.

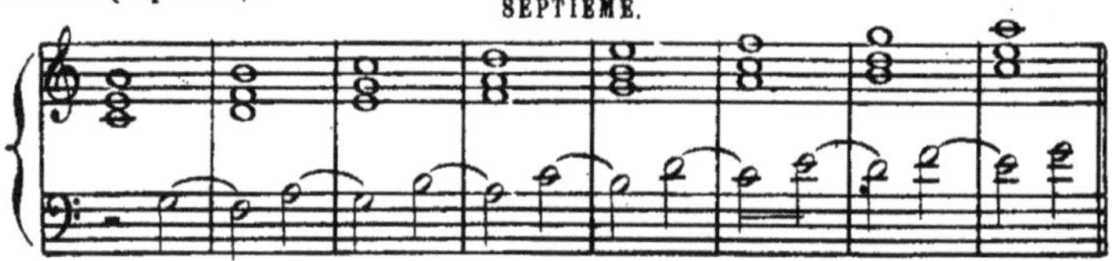

192 Les suites de quartes et sixtes descendantes et ascendantes s'expliquent par la suppression de la fondamentale.

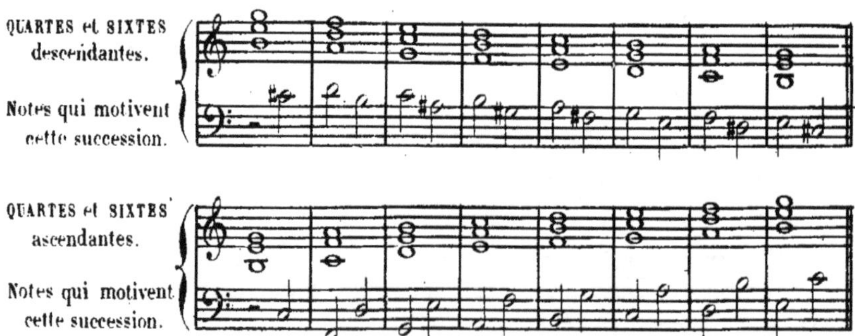

193 Une gamme peut être considérée comme une progression et être harmonisée comme telle, ce qui permet de donner une marche ascendante au quatrième degré et une descendante au septième. (Voir les deux exemples précédents.)

194 Donc, le quatrième degré d'une tonalité ne peut avoir une marche ascendante que s'il appartient à une progression, ou s'il fait partie d'un accord neutre.

195 La direction ascendante de ce degré est anormale quand il est accompagné par l'accord actif.

196 De même le septième degré d'une tonalité ne peut avoir une marche descendante que s'il appartient à une progression ou s'il fait partie d'un accord neutre.

197 Dans les progressions, on peut faire plusieurs tierces majeures de suite, étrangères à la tonalité, ainsi que plusieurs sixtes mineures (§ 110), soit en montant, soit en descendant.

Ce phénomène tient à ce que dans les progressions, la tonalité primitive perd son caractère sous l'influence de l'impulsion, et que la marche régulière et isochrone des parties fixe seule l'attention. Le sentiment de la première tonalité s'affaiblit à mesure qu'on en effleure d'autres, et ces dernières s'affaiblissent d'autant plus qu'elles ont moins le temps de s'affirmer ; l'oreille aussi n'est-elle pas froissée d'entendre une suite d'accords de tonalités étrangères, quand ces tonalités sont amenées d'une manière symétrique.

198 L'intervalle de septième majeure que l'on rencontre dans le courant des progressions non modulantes est la conséquence du paragraphe 175, qui n'admet que les notes naturelles de la tonalité dans laquelle on est pour ces sortes de progressions.

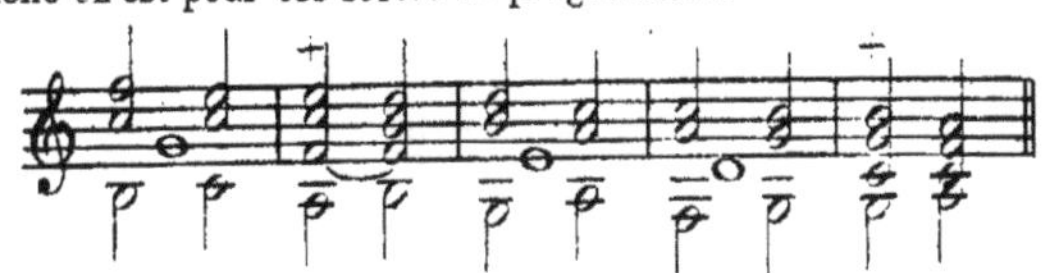

Les septièmes majeures sont indiquées par des croix.

199 Cet intervalle peut encore se rencontrer par suite d'une altération mélodique (§ 129).

200 Cet intervalle peut également se rencontrer par le fait d'une prolongation

Les trois causes ci-dessus sont les seules qui peuvent donner naissance à l'intervalle de septième majeure; or, ces trois causes sont accidentelles, c'est-à-dire que l'existence de cet intervalle est due à des modifications qui n'affectent que la forme de l'accord duquel il fait partie.

201 Donc, tout accord qui contient une septième majeure ne doit pas être considéré comme accord proprement dit, ayant une résolution propre. Si c'est une altération mélodique, la septième majeure doit monter. Ex: Quelques harmonistes font descendre la septième majeure dans le même cas; c'est une faute d'écriture, en descendant, la note doit être sol bémol (§ 124). Ex: Quand la septième majeure est le résultat d'une progression quelconque, elle doit conformer sa marche à celle du modèle. Quand la septième majeure est le résultat d'une prolongation, elle peut ou monter ou descendre (§ 145).

202 L'intervalle de quinte augmentée est dans le même cas que le précédent ; il doit son existence à des causes accidentelles : l'altération mélodique ou la prolongation. Quelquefois il se rencontre dans le courant des progressions; si c'est une altération mélodique, la quinte augmentée doit monter quand l'altération est à la note supérieure. Ex: Quand l'altération est à la partie inférieure, la note altérée doit descendre. Quand la quinte augmentée est le résultat d'une prolongation elle doit monter: Quand la quinte augmentée est le résultat d'une progression, elle doit conformer sa marche à son modèle. Ex:

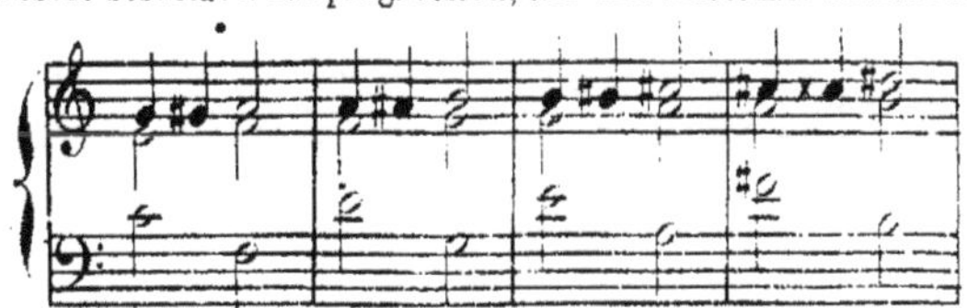

Dans ce dernier exemple, la quinte augmentée est encore due à l'altération mélodique appliquée à la progression.

CHAPITRE XXI

203 Quand plusieurs notes d'une mélodie appartiennent au même accord, on peut ne pas répéter ce dernier à chaque note. Ex :

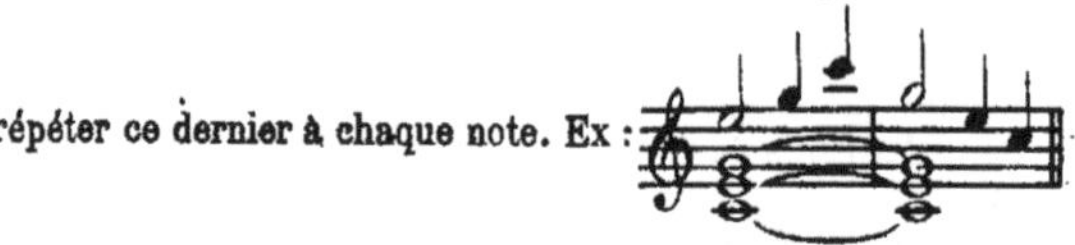

204 Quand les notes d'une mélodie ont une durée assez grande, on peut répéter plusieurs fois le même accord sous chaque note. Ex :

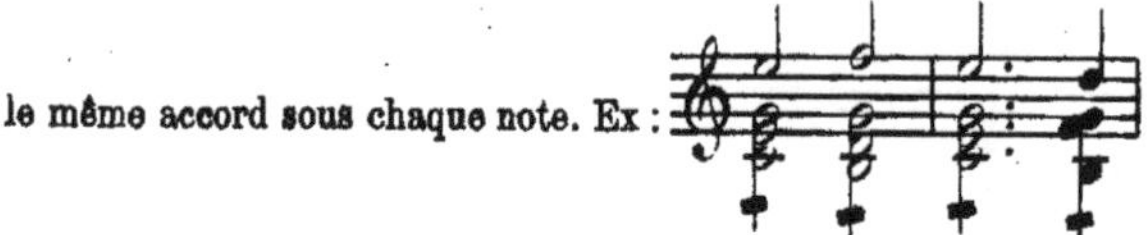

205 On peut encore briser l'accord, c'est-à-dire faire entendre successivement, une par une, deux par deux, toutes les notes qui le composent pendant la durée de la note mélodique.

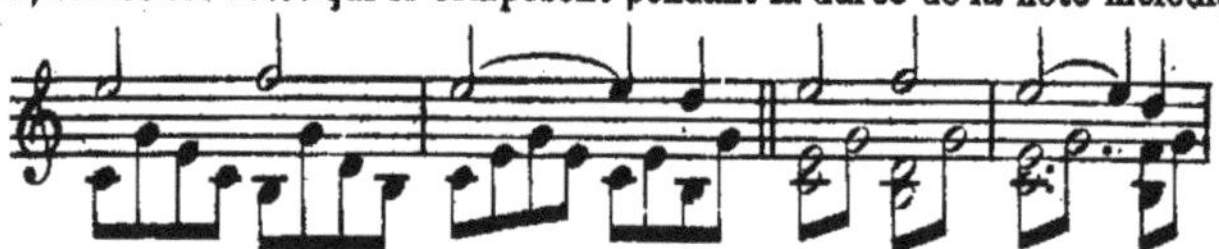

Dans les accords brisés, les notes doivent avoir la même direction qu'elles auraient si l'accord était plaqué.

IMITATIONS, RENTRÉES

206 L'imitation est la reproduction d'une mélodie courte à un autre intervalle. Pour que l'effet soit bien saisi, il ne doit pas s'écouler un trop long temps entre les deux phrases. L'imitation peut se faire à tous les intervalles. Quand on répète la phrase à l'unisson ou à l'octave, on la nomme écho.

207 L'imitation est régulière quand elle reproduit la phrase proposée avec exactitude, en répondant à un intervalle par le même. Ex :

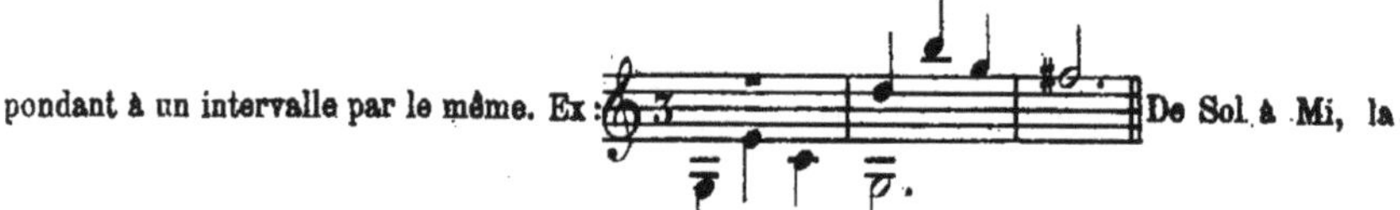

De Sol à Mi, la sixte est majeure, comme de Ré à Si, et ainsi des autres intervalles.

L'imitation est irrégulière quand elle répond à un intervalle par le même, mais ayant une autre qualité : « majeur, mineur, diminué ou augmenté. »

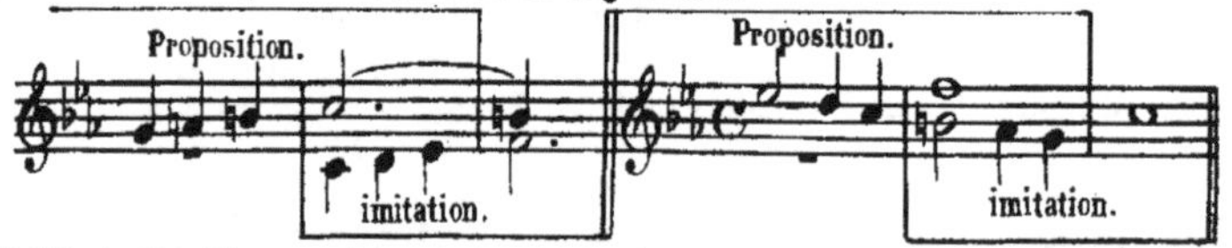

208 L'imitation libre consiste à imiter le dessin et le rhythme de la phrase, sans s'abstreindre à conserver les intervalles semblables à ceux de la phrase proposée :

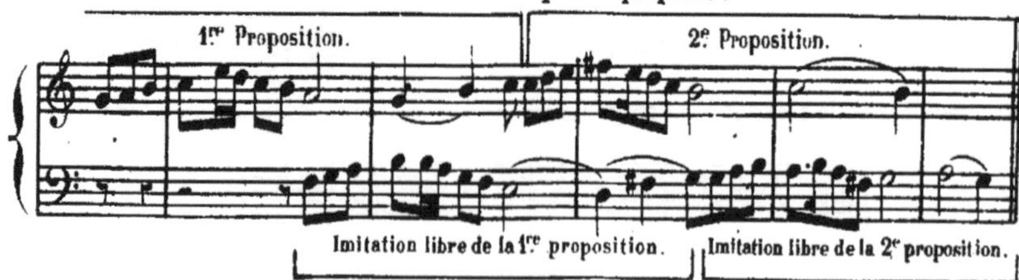

209 Quand l'imitation ne reproduit que le rhythme, on la nomme : Imitation du rhythme.

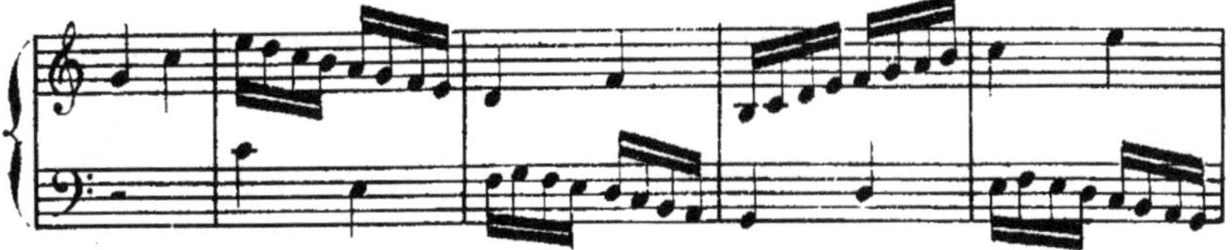

210 On nomme rentrées de petits traits mélodiques placés dans une autre partie, qui viennent occuper un vide laissé par la mélodie principale. On donne à ces traits les formes que l'on veut, imitées ou non de la mélodie.

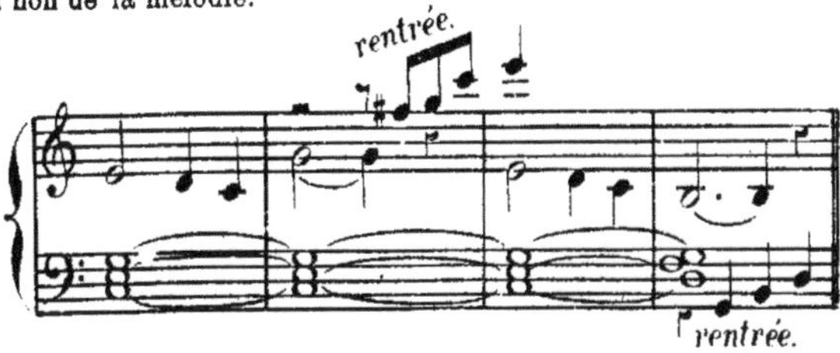

CHAPITRE XXII

BASSE (NOTES QUE L'ON PEUT OU DOIT PLACER A LA PARTIE INFÉRIEURE).

211 Le choix des notes que l'on peut placer à cette partie est facultatif. Néanmoins, on ne peut conclure que par une cadence parfaite dans la tonalité primitive, (§ 91, 92 et 93). On peut conclure d'une manière incidente par une cadence parfaite dans une autre tonalité, mais la conclusion définitive doit avoir lieu dans la tonalité primitive.

212 Dans le courant d'une phrase, on peut employer facultativement tous les renversements des accords passifs, actifs ou neutres.

213 Une même mélodie peut avoir une basse différente avec la même harmonie.

EMPLOI CONSTANT DES FONDAMENTALES A LA BASSE.

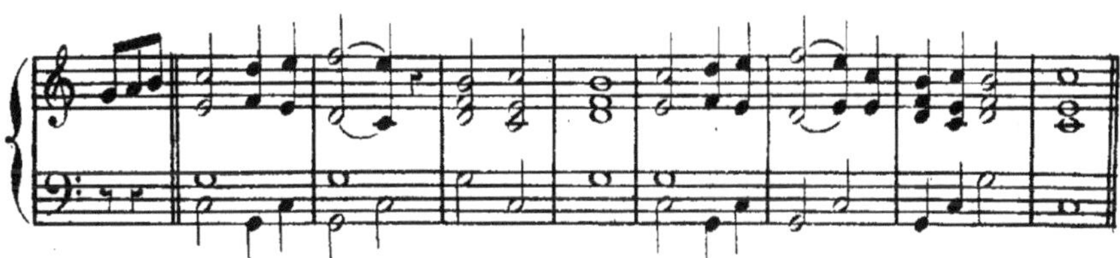

MÊME MÉLODIE, MÊME HARMONIE

EMPLOI DES RENVERSEMENTS DES MÊMES ACCORDS

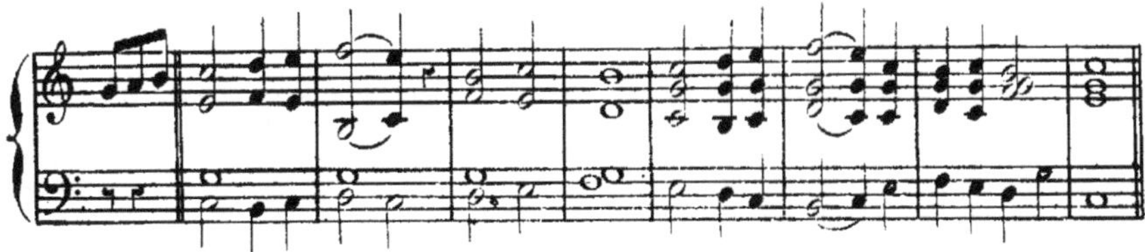

MÊME MÉLODIE, MÊME HARMONIE

EMPLOI D'AUTRES RENVERSEMENTS DES MÊMES ACCORDS

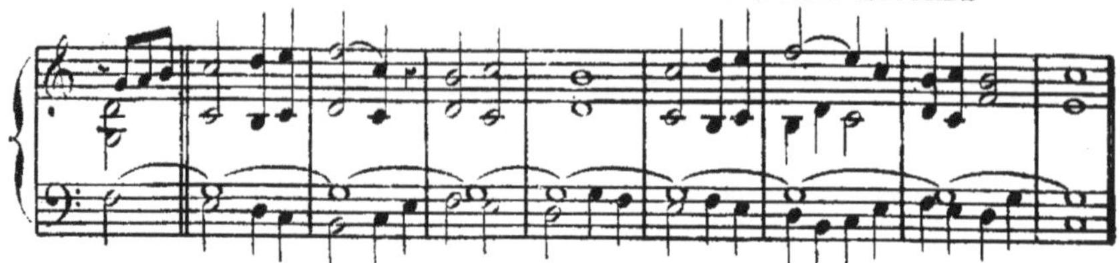

214 On peut, sous la même mélodie, employer des accords passifs et actifs d'autres tonalités, et choisir facultativement tous les renversements.

MÊME MÉLODIE, HARMONIE MODULANTE

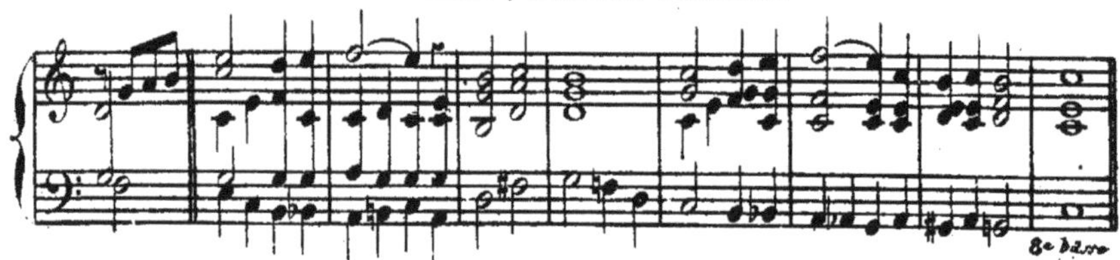

Toutefois, faut-il encore que la cadence finale ait lieu dans la tonalité primitive.

215 La partie inférieure doit présenter autant que possible une forme simple, homogène et claire, qui l'assimile en quelque sorte à une mélodie sous la première.

216 On doit observer également les mêmes précautions dans les parties intermédiaires, surtout lorsque l'on écrit pour les voix. Dans la musique vocale, il faut éviter les sauts d'intervalles difficiles, tels que la quinte diminuée, la quarte augmentée, enfin tous les sauts d'intervalles dissonants. Dans la musique instrumentale, ces écarts peuvent s'écrire.

217 Quand la mélodie est mouvementée, il faut autant que possible l'accompagner simplement ; quand au contraire la mélodie est simple, la basse ou une des parties intermédiaires pourra avoir une allure plus mouvementée. Le choix des différentes allures des parties rentre dans le domaine de l'inspiration, ainsi que le choix des différentes modulations.

CONSIDÉRATIONS SUR LES RENVERSEMENTS

218 Tous les accords conservent leur caractère tonal ou non tonal, malgré les renversements. Les renversements modifient l'effet tonal, sans détruire la tonalité.

Comme nous l'avons dit (§ 96), le renversement d'un accord passif est la conséquence de l'actif qui le précède.

219 L'accord actif, dans ses différents renversements, ramène l'accord passif dans les renversements suivants :

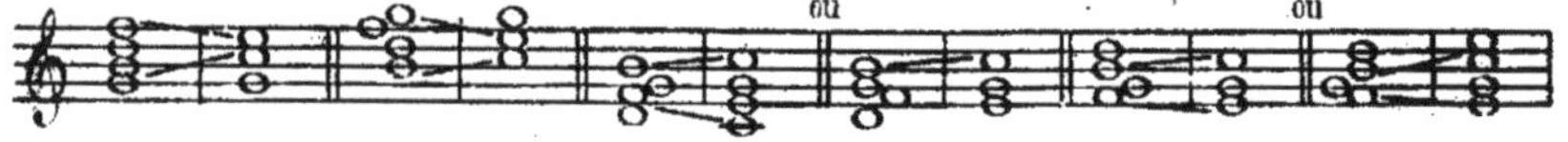

220 L'espacement de l'accord actif ramène forcément l'accord passif dans une position qui est la conséquence de la position de l'actif qui le précède :

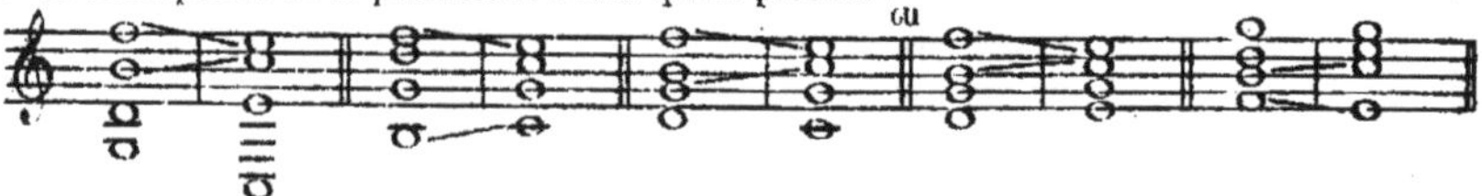

221 Il en est de même des accords neutres, les accords passifs qui les suivent sont dans une position qui est la conséquence des accords neutres qui les précèdent.

222 Il en est de même des accords passifs succédant à un autre accord passif, car le premier doit être assimilé à un accord neutre ; la position de celui qui le suit est donc la conséquence de celui qui le précède, si la note absente était rétablie.

223 Le choix des renversements et des positions est donc facultatif ; pourtant on reconnaîtra facilement que les renversements ou les espacements ont pour effet de présenter les accords dans

des situations ou leurs notes acquièrent ou perdent plus ou moins leur force attractive. Ainsi, l'accord suivant : est d'une grande dureté dans cet état ; il acquiert au contraire une grande puissance par le renversement ou la position espacée qui ont pour effet d'isoler les intervalles attractifs afin que l'oreille ne les confonde pas.

On isole les intervalles attractifs en évitant de placer entre eux une note qui toujours vient amoindrir l'effet du rapport dissonant.

Dans l'accord actif, on obtiendra donc le maximum d'effet en isolant la quinte diminuée d'une part et la septième mineure, d'une autre part, ou leurs renversements.

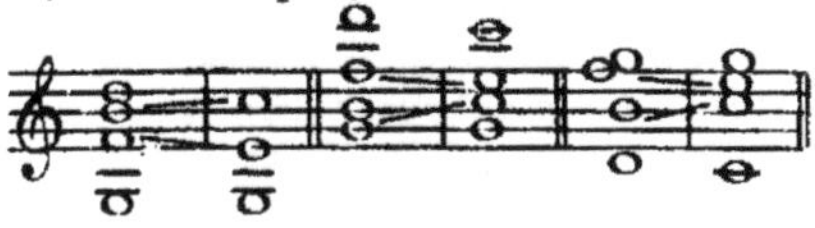

De même pour les accords neutres :

TONALITÉS MINEURES

224 Tout ce qui a été dit pour les tonalités majeures, est applicable aux mineures.

225 Toutes les tonalités majeures deviennent mineures en baissant d'un demi-ton le troisième et le sixième degré de la tonalité, dans la mélodie et dans l'harmonie.

226 Le septième degré (sensible) doit toujours, dans les accords, être un demi-ton au-dessous de la tonique. Dans la mélodie, on baisse quelquefois ce degré d'un demi-ton, quand il a une direction descendante, afin d'éviter l'enchainement difficile de la seconde augmentée.

Ex. :

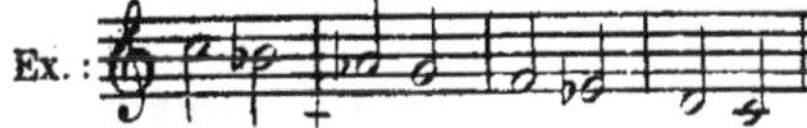

Dans le même but, on élève quelquefois le sixième degré quand il a une direction ascendante.

Ex. :

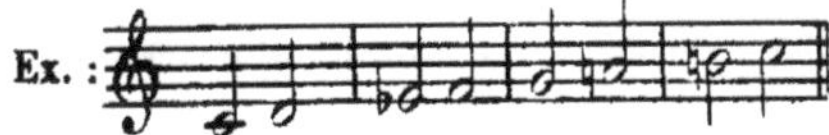

Ces concessions ôtent à ce mode son caractère spécial, car la mélodie paraît majeure dans ces deux cas. Ainsi, en baissant le septième degré, la mélodie paraît appartenir à une tonalité majeure et peut être harmonisée dans ce mode :

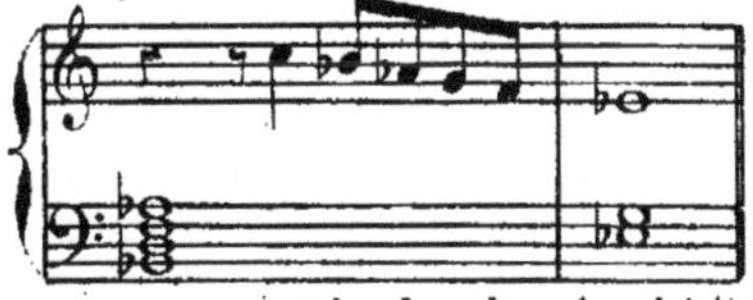

En élevant le sixième degré dans sa direction ascendante, on tombe dans la même hésitation tonale :

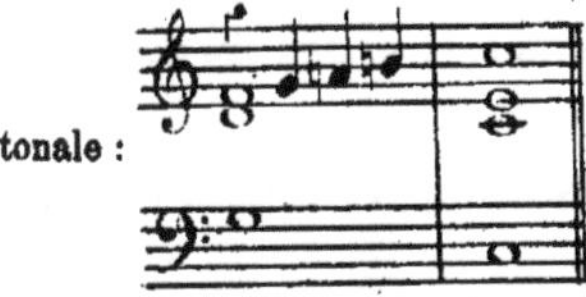

Cette hésitation cesse quand on emploie les notes constitutives de ce mode.

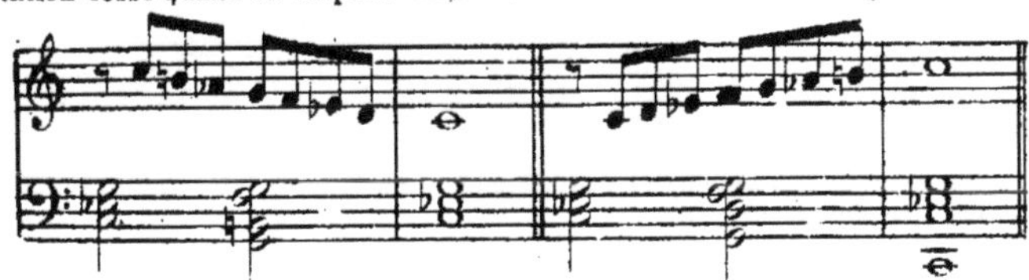

227 Les notes constitutives de la tonalité mineure sont toujours placées dans l'ordre ci-dessus, quelle que soit la tonalité. L'armure employée ordinairement pour ce mode est donc vicieuse. Ainsi en Do mineur, on met trois bémols à la clé; mais puisque la constitution de ce mode exige un si ♮ il est illogique de bémoliser cette note à l'armure, aussi est-on obligé de placer un ♮ devant cette note chaque fois qu'elle se présente dans le courant de ce mode. Les commençants devraient adopter l'armure indiquée par Rodolphe dans son solfège, qui consiste à mettre avant la clé le signe qui élève d'un demi-ton le septième degré, baissé arbitrairement par l'armure ordinaire.

DO min: SOL min: LA min: RÉ min:

Ex :

228 Quoiqu'il en soit, les règles d'enchaînement sont identiquement les mêmes pour l'un ou pour l'autre de ces deux modes. Tous les exemples majeurs deviendront mineurs en baissant d'un demi-ton le troisième et le sixième degré, dans toutes les parties ou ces degrés se rencontreront, et les mineurs deviendront majeurs par l'opération inverse.

229 Quand on écrit pour les voix il est nécessaire de baisser le septième degré dans sa marche descendante, et d'élever le sixième dans sa marche ascendante, car l'intervalle de seconde augmentée est d'une attaque difficile; néanmoins on doit harmoniser ces notes sans avoir égard à cette concession, si toutefois la note altérée ainsi n'est pas écrite dans l'accord accompagnant. Dans le cas où cette note est écrite, il faut également pratiquer la même altération sur elle.

Ex :

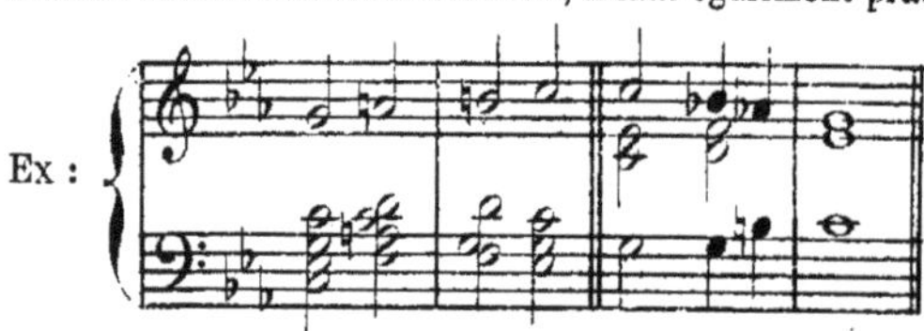

PRÉPARATION

La préparation des septièmes consiste à n'introduire la septième qu'autant qu'elle existe déjà, dans l'accord précédent, à l'état consonnant et au même degré sans la répéter au changement d'accord. Ex. C'est en quelque sorte la prolongation avec cette différence que, dans le cas présent, la note prolongée est constitutive, tandis que dans la prolongation elle est étrangère à l'accord, ce qui nécessite sa résolution pendant la durée du second accord. Dans l'école la préparation est exigée pour toutes les dissonances de septième, quelles qu'elles soient. Dans la pratique cette règle n'est pas observée pour les accords actifs, ni pour les accords neutres à l'état normal. Si le lecteur s'est bien pénétré de nos principes, il comprendra sans autres explications les règles suivantes :

Les accords actifs et les accords neutres à l'état normal s'attaquent sans préparation, quel que soit l'accord ou la tonalité qui les précède.

L'accord neutre à la première altération, ayant toute ressemblance avec l'accord actif, jouit de la même propriété. Il en est de même pour la quatrième altération, qui est par le fait un accord normal.

Observation. — La préparation, dans le cas ci-dessus, pourra se faire, mais elle n'est pas obligatoire.

EXEMPLES D'ACCORDS ACTIFS ET NEUTRES, A L'ÉTAT NORMAL, OU LA SEPTIÈME N'EST PAS PRÉPARÉE

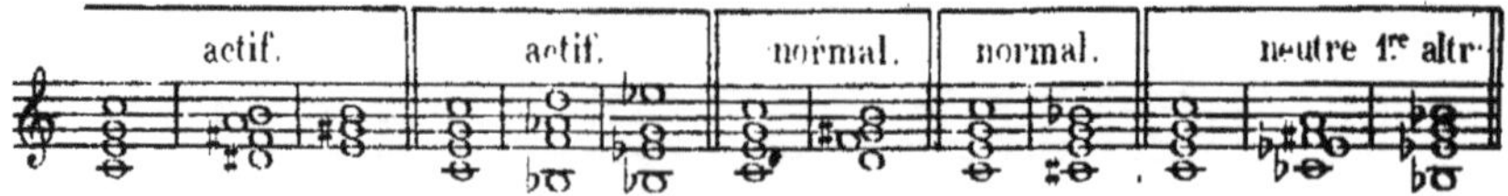

Pour les accords neutres, à la deuxième, troisième et cinquième altération, la préparation est nécessaire sans être obligatoire.

EXEMPLES D'ACCORDS NEUTRES, A LA 2me, 3me ET 5me ALTÉRATION, OU LA SEPTIÈME EST PRÉPARÉE

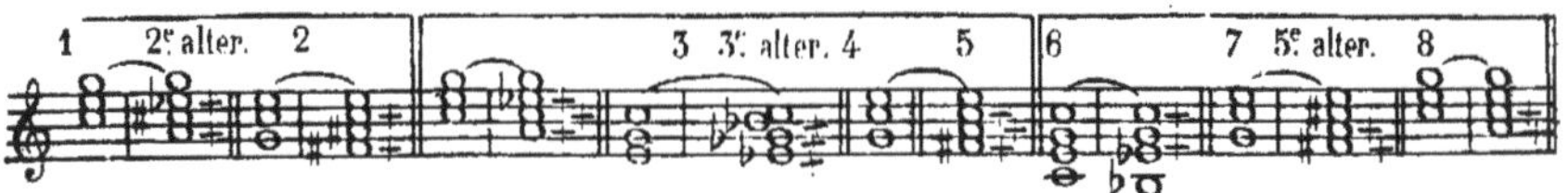

Nous étendrons la règle de préparation en disant qu'il n'est pas absolument nécessaire que ce soit la septième qui soit préparée, mais que cette faculté existe aussi, à un moindre degré il est vrai, pour la fondamentale. Ainsi donc, la septième peut être introduite dans les accords neutres, à la 2me, 3me et 5me altération, en préparant la fondamentale (voir les exemples 4 et 6 ci-dessus). On doit comprendre que la préparation est une question de sentiment; la préparation a pour but d'adoucir le contact de deux notes qui forment septième. Or, la préparation est indispensable quand le but est d'adoucir des agrégations telles que celles des 2me, 3me et 5me altérations. Mais si l'effet que l'on cherche à produire exige ces duretés, il serait illogique de préparer ces dissonances. La préparation est obligatoire pour toute note étrangère (appogiatures et prolongations) introduite dans un accord qui forme, avec une des notes de cet accord, soit une septième majeure, soit une seconde mineure, surtout dans les mouvements lents. Ex. :

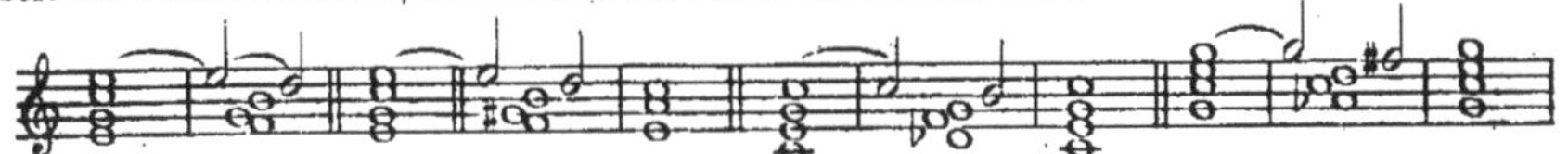

La préparation est nécessaire, sans être obligatoire, quand la note étrangère introduite forme, avec une des notes de l'accord, une septième mineure ou une seconde majeure. Mais il est de

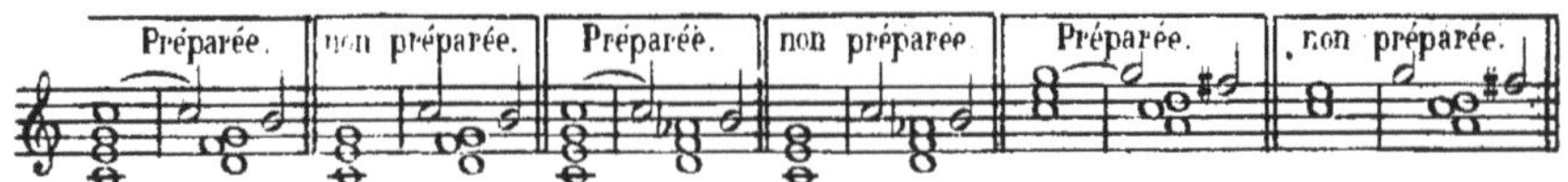

toute nécessité que la note qui forme septième puisse entrer dans l'accord précédent comme consonnance (voir les exemples ci-dessus).

GLOSSAIRE HARMONIQUE

A

Accidents Accidentels (Signes) — Se dit de tous les dièzes, bémols ou bécarres placés devant une note d'une tonalité, quand ce signe n'est pas à la clé. Signes accidentels : ♯, ♭ ou ♮ étrangers à la tonalité.

Accords — Réunion de trois ou quatre sons, disposés en tierces superposées.

Acoustique — Science qui traite des sons au point de vue physique.

Actif (*Accord*) — Est construit avec le cinquième degré d'une tonalité, comme fondamentale, le premier comme tierce, le second comme quinte et le quatrième comme septième. En do : sol, si, ré, fa. En sol : ré, fa♯, la, do.

Le mot actif peut être pris substantivement :

L'actif, ou un actif, pour l'accord actif, ou un accord actif. De même nous disons : le passif, le neutre.

Addition — Se dit de toutes notes ajoutées à un accord déjà complet, et qui transforment cet accord en un autre. Si à l'accord passif, on ajoute une note à la distance de septième ou de sixte de la fondamentale, cette note est additionnée.

Quand la note ajoutée ne forme pas un nouvel accord, cette note est étrangère. Un ré, ajouté à l'accord passif, de do est une note étrangère.

Appellatifs — Notes qu'il est nécessaire de faire suivre d'autres, en raison de leur contact qui les met en dissonance.

Attractifs — Synonyme d'appellatifs.

Attraction — Propriété spéciale aux intervalles dissonants, qui a pour effet d'imprimer à chacune de leurs notes une direction déterminée.

Appogiature — Note de passage qui précède toujours la note réelle à un degré inférieur ou supérieur, et toujours sur les temps forts.

Anticipation — Note de passage qui devance la résolution; a toujours lieu sur les temps faibles.

Augmenté — Adjectif qui sert à qualifier les intervalles, pour indiquer que leur distance primitive a été agrandie d'un demi-ton.

Agrégation — Réunion simultanée de plusieurs sons.

B

Basse — Note qui occupe la partie inférieure de l'harmonie ; la note la plus grave d'un accord, renversé ou non.

C

Cadences — Nom donné aux repos produits par l'enchaînement des accords dissonants avec les consonnants. La cadence parfaite est celle qui procède de l'accord actif au passif, avec la tonique à la basse et à la partie supérieure. Dans les autres cas d'enchaînements de ces deux accords, les cadences sont vagues ou incidentes. Quand deux accords dissonants s'enchaînent entre eux, les cadences sont des cadences évitées.

Conclusion — Cadence parfaite.

Chromatique — Qui procède par demi-tons, soit en montant, soit en descendant.

Consonnances — Se dit subtantivement des notes placées avec d'autres en rapport non attractif.

D

Degrés — La première note d'une gamme diatonique est le premier degré; la seconde note, le second degré, etc., etc., jusqu'à la septième note inclusivement.

La huitième note (octave) redevient tonique, ou premier degré.

Quand le mot degré, est employé précédé d'un adjectif numéral, il est sous-entendu diatonique. De même quand on dit : le degré supérieur ou inférieur, c'est toujours du degré diatonique qu'il est question.

Quand on veut parler des degrés chromatiques, on ajoute alors le mot : chromatique.

Dessins — On donne cette dénomination à une disposition mélodique, harmonique et rhythmique, qui est la copie d'un modèle à un degré différent. (Voyez Progressions)

Diatonique — Une succession de notes est diatonique quand elle emploie les notes naturelles de la gamme de la tonalité.

Diminué — Adjectif, qui sert à qualifier les intervalles justes, ou mineurs, pour indiquer qu'ils ont été contractés d'un demi-ton.

Direction — Marche d'une note vers une autre. Direction ascendante, quand la seconde note est plus élevée; direction descendante, quand la seconde note est plus basse, et parallèle quand elle est au même degré. Direction conjointe quand la seconde est à un degré supérieur ou inférieur, et disjointe quand l'écart est plus grand. Quand deux notes marchent ensemble, soit qu'elles montent, qu'elles descendent, ou qu'elles aillent parallèlement, la direction est semblable. Quand l'une monte et que l'autre descend, la direction est contraire. Quand l'une monte ou descend, et que l'autre reste en place, la direction est oblique. Quand l'une des notes fait un écart disjoint et l'autre un conjoint, ou quand les deux font un écart disjoint inégal, la direction est brisée. Les directions contraintes sont celles qui sont spéciales aux intervalles dissonants déterminés et indéterminés.

Dissonances — Se dit substantivement de notes qui sont placées avec d'autres dans un rapport attractif. Les dissonances déterminées ou tonales sont celles qui sont construites avec les notes naturelles de la tonalité. Celles qui ont besoin d'emprunter un signe étranger (♮, ♯ ou ♭) à la tonalité sont indéterminées ou non tonales.

E

Enchainement — Manière dont se lie un accord avec un autre.

Enharmonie — L'enharmonie substitue une écriture à une autre, sans changer les sons. Elle affecte toutes les notes de la tonalité sans exception ; ainsi, une tonalité enharmonique se substitue à une autre, afin de faciliter la lecture. Ex. : fa au lieu de mi ♯, mi ♮ au lieu de fa ♭.

L'homophonie diffère en ce qu'elle n'affecte que une, deux ou trois notes d'un accord.

F

Fondamentale — Note qui occupe la partie inférieure d'un accord à l'état direct.

G

Gammes — Disposition de sons se suivant selon la loi tonale.

La gamme majeure (diatonique) est constituée comme il est dit au chapitre premier. La gamme mineure diffère, le troisième et le sixième degrés sont un demi-ton plus bas que dans la gamme majeure.

La gamme chromatique procède par demi-tons. On doit diézer les notes de la tonalité en montant, et les bémoliser en descendant.

H

Harmonie — Effet produit par l'audition simultanée de plusieurs sons combinés.

Homophonie — L'homophonie a pour effet de changer les attractions d'un accord, en changeant la qualité de ses intervalles. (Fétis.)

L'homophonie remplace un son par son homophone (si, au lieu de do ♭) dans un accord, sans changer les autres notes; il s'ensuit que la qualité des intervalles change, et par suite ses attractions. Ainsi, l'accord actif : sol, si, ré, fa, remplacé par sol, si, ré, mi ♯, attire une autre tonalité, attendu que la quinte diminuée, si-fa, est devenue quarte augmentée, si-mi ♯. La septième mineure : sol-fa, est devenue sixte augmentée, sol-mi ♯.

I

Imitations — Mélodie courte que l'on imite, soit au même degré, soit à tout autre intervalle, inférieur ou supérieur.

Intervalle — Nom donné à l'espace qui sépare deux sons. On compte de l'inférieur au supérieur, diatoniquement.

J

Juste — Adjectif servant à qualifier les intervalles de : unisson, octave, quinte et quarte. Quand ces intervalles n'ont pas d'adjectifs, il est sous-entendu qu'ils sont justes.

Justesse — La justesse se dit de deux ou plusieurs sons dont les rapports de vibration sont aussi exacts que possible.

M

Majeur — Appliqué à une tonalité ou à une gamme, ce mot indique que les notes de cette tonalité sont écrites comme dans ce mode (voyez le mot Gamme); il en est de même du mot : mineur.

Appliqués aux intervalles de tierce, sixte, seconde, septième, ces mots (majeur et mineur) indiquent que : 1° les majeurs sont tels qu'on les trouve dans une gamme majeure, en prenant la tonique comme note inférieure ; 2° les mineurs sont les majeurs rétrécis d'un demi-ton.

Marches — Marches harmoniques. (Voyez Progression.)

Mélodie — Suite combinée de sons appartenant à une tonalité.

Mode — Etat dans lequel se trouve une tonalité d'après la composition de la gamme.

Modèle — S'emploie pour désigner le premier membre d'une progression.

Modulant — Qui d'une tonalité va dans une autre. (Ce terme s'applique également aux accords.)

Mouvements — On nomme mouvement mélodique la direction que prend chaque note d'une mélodie, ou des parties harmoniques comparées entre elles; ces mouvements sont : semblables, contraires, obliques ou brisés.

N

Neutre (*Accord*) — Qui n'appartient à aucune tonalité spécialement, et qui peut faire partie de toutes.

L'accord neutre se pose sur les douze degrés chromatiques, facultativement. Il est altérable dans toutes ses notes, ensemble ou séparément.

Non altéré, il est à l'état normal.

Accord exclusif de transition et de modulation. Construit de tierces mineures superposées. Ancienne dénomination : septième diminuée.

Neuvième — Quand cet adjectif est employé substantivement (la neuvième), il désigne la *note* qui forme cet intervalle avec la *fondamentale* de l'*accord*. Si l'accord était renversé, il faudrait le rétablir dans son état direct.

Normal — Accord normal, qui sert de type, de règle; s'emploie spécialement pour l'accord neutre non altéré. Un accord normal renversé ne cesse pas, par ce fait, d'être normal.

Note — Signe des sons : *réelle*, qui fait partie de l'accord; *de passage*, qui ne lui appartient pas ; *altérée*, note d'un accord, ou d'une mélodie, qui a été baissée ou élevée d'un demi-ton à l'aide d'un signe accidentel; *absente*, qui n'est pas écrite dans l'harmonie, mais qui pourrait l'être ; *éliminée*, note qui pourrait occuper l'espace vide entre deux sons disjoints ; *prolongée*, note qui, entendue dans un accord, duquel elle fait partie, se continue sur un autre auquel elle est étrangère ; *retardée*, note qui suit celle qui a été prolongée ; *petites notes*, qui ont une durée courte et qui se placent devant les notes réelles.

Numéraux (Adjectifs) — Les mots : unisson, seconde, tierce, quarte, quinte, sixte, septième, octave, neuvième, etc., servent à indiquer la distance d'un son à un autre, en commençant par le son grave, quel qu'il soit ; ainsi, de do à ré, l'intervalle est une seconde, comme de sol à la, et ainsi des autres intervalles. Quand ces mots sont précédés de l'article la, ils indiquent la note supérieure. Ainsi, quand on dit la tierce ou la quinte d'un accord, cela signifie la note qui forme ces intervalles avec la fondamentale de l'accord. Dans l'accord actif, sol, si, ré, fa ; si est la tierce ; ré, la quinte ; fa, la septième.

O

Octave — La huitième note diatonique au-dessus ou au-dessous d'une autre.

Ondes — Terme de physique, désignant les dilatations et les condensations de l'air produites par les vibrations.

P

Passif (*Accord*) — Est construit avec le premier, troisième et cinquième degrés d'une tonalité majeure ou mineure. Ancienne dénomination : accord de quinte de tonique.

Pédale — Prolongation soutenue d'une note, le plus souvent la tonique, d'autres fois la quinte, quelquefois les deux pendant une série d'accords, desquels elle est ou intégrante ou étrangère. La pédale se fait le plus souvent à la partie inférieure.

Positions — Les différents arrangements (non compris les renversements) que l'on donne aux notes d'un même accord.

Préparation — La préparation consiste à diminuer la dureté d'une note dissonante en la faisant entendre dans l'accord précédent à l'état de note admissible *a priori*.

Prolongations — La prolongation consiste à conserver une ou plusieurs notes constitutives d'un accord sur le suivant où elles sont étrangères.

Q

Quarte — Deux sons à l'intervalle de quatre degrés. Substantivement la quarte désigne la quatrième note au-dessus de la fondamentale d'un accord.

Quinte — Deux sons à l'intervalle de cinq degrés. Substantivement, la quinte, désigne la cinquième note au-dessus de la fondamentale d'un accord.

R

Résolution — Résolution naturelle, accord dissonant qui se résout selon les dissonances qu'il contient.

Résolution dérivée, accord dissonant qui a une seule ou plusieurs de ses dissonances allant contre les attractions (§ 35, 39 et 40).

Retranchements — Le retranchement consiste à supprimer une ou plusieurs notes d'un accord ; les notes retranchées sont aussi nommées absentes.

Redoublements — Le redoublement consiste à doubler une ou plusieurs notes d'un accord à une octave supérieure ou inférieure.

Retard — Note constitutive d'un accord qui ne se fait entendre qu'après la résolution de cet accord.

Rhythme — Mouvements réguliers (isochrones) qui divisent le temps qui s'écoule pendant la durée d'une ou plusieurs secondes.

Rentrées — Petits traits mélodiques qui s'emploient le plus souvent pour remplir un vide laissé par la mélodie principale.

Renversements — Le renversement se pratique, soit sur les intervalles, soit sur les accords, en plaçant la note inférieure à l'octave supérieure. Les intervalles n'ont qu'un seul renversement. L'accord passif en a deux, et l'actif et le neutre trois.

S

Seconde — Deux notes à deux degrés de distance (diatonique ou chromatique). Substantivement (la seconde), la note qui forme cet intervalle avec la fondamentale d'un accord.

Septième — Deux notes à sept degrés de distance. Substantivement (la septième), la note qui forme cet intervalle avec la fondamentale d'un accord.

Sixte — Deux notes à six degrés de distance. Substantivement (la sixte), la note qui forme cet intervalle avec la fondamentale d'un accord.

Son — Effet produit sur l'organe de l'ouïe par les vibrations suffisamment rapides d'un corps. — *Son résultant :* son étranger qui se produit quand on soutient deux sons à un intervalle quelconque. Son harmonique, son produit par la division naturelle ou artificielle des corps vibrants.

Syncopes — Sorte de prolongation ou d'anticipation régulières dans l'enchaînement des accords. Une partie de l'accord se prolonge tandis que l'autre se résout, et cela régulièrement pendant une série d'enchaînements plus ou moins étendus.

T

Tierce — Deux notes à trois degrés de distance (la tierce). La note qui forme cet intervalle avec la fondamentale de l'accord

Ton — (Voyez Tonalité).

Tonalité — Affinités mélodiques et harmoniques des sons d'une gamme, d'où résulte le caractère de nécessité de leurs successions et de leurs agrégations. (Fétis.)

Tonique — Première note d'une gamme et d'une tonalité.

U

Unisson — Deux notes au même degré (diatonique ou chromatique). Les deux notes doivent porter le même nom : do et do, do et do ♯, etc., etc.

Vibration — Mouvements rapides des corps qui produisent les sons.

Procédé Ch. LOURDEL, Imp. LEFMAN et Cie 57, rue d'Hauteville

HARMONIE ANALYTIQUE & SYNTHÉTIQUE

TABLE DES MATIÈRES

www.ingramcontent.com/pod-product-compliance
Ingram Content Group UK Ltd.
Pitfield, Milton Keynes, MK11 3LW, UK
UKHW021520260726
13993UKWH00004B/1791